Oldenbourg Interpretationen

Herausgegeben von
Klaus-Michael Bogdal und Clemens Kammler

begründet von
Rupert Hirschenauer (†) und Albrecht Weber

Band 19

Gottfried Keller

Romeo und Julia auf dem Dorfe

Interpretation von
Edgar Hein

Oldenbourg

Der Novellentext wurde mit den Seitenzahlen der Reclam-Ausgabe, UB Nr. 6172, zitiert.
Die „Erläuterungen und Dokumente" zur Novelle, herausgegeben von Jürgen Hein, Reclam UB Nr. 8114, sind mit der Abkürzung „E. u. D." bezeichnet.

CIP-Titelaufnahme der Deutschen Bibliothek

Hein, Edgar:
Gottfried Keller, Romeo und Julia auf dem Dorfe:
Interpretation/von Edgar Hein. – 2., überarb. u. erg. Aufl. –
München: Oldenbourg, 1988
(Oldenbourg-Interpretationen; Bd. 19)
ISBN 3-486-88607-X
NE: GT

2., überarbeitete und ergänzte Auflage 1988
Unveränderter Nachdruck 99 98 97 96 95
Die letzte Zahl bezeichnet das Jahr des Drucks.

Lektorat: Ruth Bornefeld
Herstellung: Fredi Grosser
Umschlaggestaltung: Klaus Hentschke
Gesamtherstellung: Wagner GmbH, Nördlingen

ISBN: 3-486-88607-X

Inhalt

1
Das literaturgeschichtliche Umfeld

1.1
Die literarische Tradition des Romeo und Julia-Stoffes

Der Dorfgeschichten-Autor Berthold Auerbach kritisierte bei aller Hochachtung vor Gottfried Keller die „papierene Bildungsreminiszenz", die er in dem Titel *Romeo und Julia auf dem Dorfe* ausgedrückt sah.

> „Der Titel dieser Erzählung erscheint mir durchaus unpassend. Er octroyirt eine Stimmung und versetzt in jene Literatenliteratur, die nicht vom Leben ausgeht, sondern von der gedruckten Welt und ihren Erinnerungen."[1]

Nun hatte Keller von der literarischen Überlieferung und ihren Erzählmotiven eine tiefgründigere Vorstellung als Auerbach. Auch sah er gerade in Shakespeare mehr als einen Vertreter der „gedruckten Welt", nämlich den Darsteller des unmittelbaren, geradezu des „wesentlichen Lebens"[2]. Er wußte aber, daß auch ein Genie wie Shakespeare originales Leben nicht erfinden konnte, sondern daß auch er altüberlieferte literarische Grundmuster zu neuen literarischen Konfigurationen verbunden hat. „Ich bin frappiert", schrieb er 1854 an Hettner, „wie viele literarische Motive und Manieren, welche man so gewöhnlich für nagelneu ansieht, schon seit Jahrhunderten vorhanden sind, ja wie man eigentlich sagen kann, alle guten Genres seien von jeher dagewesen und nichts Neues unter der Sonne."[3]

So sah er auch in Shakespeares Romeo und Julia nicht ein unwiederholbares Kunstprodukt, sondern ein uraltes Paradigma für die schicksalhafte Beziehung von Liebe und Tod. Er hatte ein sicheres Gespür für das Archetypische dieses Stoffes.

Dessen Quellen reichen bis in das späte Altertum. Eine knappe informative Übersicht bietet das Materialienbändchen zu Kellers Novelle in der Reihe „Erläuterungen und Dokumente" (Reclam Nr. 8114, hier zitiert unter „E. u. D."). Sehr gründlich im Sinne bester positivistischer Wissenschaftstradition ist die Stoffgeschichte dargestellt von K. P. Schulze.[4]

Die ersten fixierten Motive der Fabel finden sich in hellenistischen Liebeserzählungen wie Hero und Leander, Pyramus und Thisbe und in dem Roman eines Xenophon von Ephesos (2. Jh. n. Chr.). In dieser verworrenen Liebes- und Abenteuergeschichte im Stil der Fabula Milesiana (ähnlich dem *Goldenen Esel* des Apuleius von Madaura) taucht zum erstenmal das Motiv des Schlaftrunks auf. In zahlreichen Abwandlungen erscheint dann die Geschichte in der Novellenliteratur der italienischen Renaissance. Dort war im 15./16. Jahrhundert die Fabel so bekannt, daß sich Dichtung mit Wahrheit vermischte. Ein Veroneser Lokalhistoriker, Giralomo della Corte, hat sogar den Liebestod Romeos und Julias datiert: auf das Jahr 1303.[5] Er will auch Überreste der Cappelletischen Totengruft gesehen haben; die hat es aber nie gegeben, jedenfalls nicht in Verona. Die historischen Namen der Montecchi und Cappelleti bezeichneten keine Adelsgeschlechter, sondern zwei politische Parteien, die eine prostaufisch, die andere guelfisch. Zudem wohnten die Cappelleti – so genannt nach ihren Parteiabzeichen, kleinen Käppchen –, nicht in Verona, sondern in Cremona. Der Novellist Luigi da Porto in seiner *Hystoria di due nobili amati* (1535) hatte einfach diese beiden bei Dante gefundenen Namen und den Schauplatz Verona für seine Erzählung ausgewählt. Das hinderte die Nachwelt nicht, über der von Giralomo angegebenen Grabstätte ein Denkmal der beiden Liebenden von Verona zu errichten, heute bestaunt von den Touristen – ein Wahrzeichen für die Mächtigkeit literarischer Überlieferung.

Der Stoff wanderte von den Erzählern der italienischen Renaissance über Frankreich nach England. Gleichzeitig mit Shakespeares Drama und von ihm unabhängig erschienen zwei dramatische Bearbeitungen in Spanien.

Keller verehrte Shakespeare. Er schätzte vor allem seine szenische Gestaltungskraft, „diese majestätisch hervortretenden einzelnen furchtbaren Situationen“[6]. Er kannte ihn nicht nur aus der Lektüre, sondern auch von Aufführungen des königlichen Schauspielhauses zur Zeit seiner Berliner Theaterleidenschaft. Die Entlehnung eines Shakespearetitels für seine Novelle hat sicher auch den Charakter einer Huldigung an den großen Briten. Die Erzählfabel allerdings trug er zur Zeit der Niederschrift der Novelle schon acht Jahre lang mit sich herum. Wir wissen das durch den von Keller sorgfältig aufgehobenen Züricher Zeitungsausschnitt von 1847 (s. Materialien 1). Der Freitod nach einer durchtanzten Nacht ist diesem Bericht entnommen. Das Motiv der verfeindeten Bauern deutet sich ebenfalls bereits 1847 in einer Tagebuchnotiz an (s. Materialien 2). Einzig das Parallelmotiv zum Tode des Tybalt, die Niederschlagung des alten Marti, könnte von der Shakespearelektüre angeregt sein.

Keller hat den Stoff seiner Novelle der sozialen Wirklichkeit seiner Zeit entnommen, nicht dem Drama Shakespeares. Der Titel will nicht sagen, daß hier ein barocker Dramenstoff in eine Dorfgeschichte transponiert ist, sondern daß die Grundmotive großer Dichtung sich ständig wiederholen, im alltäglichen Leben wie in der Kunst; „sie schwimmen in der Luft umher", heißt es in einem Brief an Hettner (1854!).[7]

Im 17. Jahrhundert kursierten auch in Deutschland zahlreiche Romeo und Julia-Erzählungen.[8] Nach dem Rezept barocker Poetologie enthielten sie stets eine moralische Nutzanwendung im Sinne des „prodesse et delectare". In des Aeschacius Maior Erzählung *Glücks und Liebes-Kampff* steht die Moral bereits im Vorwort:

> „ ...damit die Jugend, welche je lenger, so mehr zu allem argen geneigt und sonderlich ihren fleischlichen Gelüsten unterworfen seyn, aus diesem kleinen Wercklin beyneben der belüstigung erlerne, solchen lesterlichen begierden und unkeuschen Wercken zu widerstehen."

Die gelehrsamen Barock-Autoren verbanden ihre Tugendlehre mit einer Klage über die Sittenlosigkeit der Zeit. Gottfried Keller, der bürgerliche Erzähler des 19. Jahrhunderts, kehrt die Anklage um: Nicht die Liebenden sind sittenlos, sondern die bigotten bürgerlichen Tugendrichter.[9]

In Shakespeares Drama reichen sich am Schluß die Montagues und Capulets die Hand zur Versöhnung. Die veronesischen Adelsfamilien erkennen in dem maßlosen Haß ihrer Sippenfehde eine Schuld, sie sehen in Romeo und Julia „die armen Opfer unsrer Zwistigkeiten."[10] In bewußtem Kontrast dazu läßt Keller seine Novelle mit dem harten, unbarmherzigen moralischen Verdikt eines bürgerlichen Zeitungsblattes enden. Die bürgerliche Gesellschaft verdammt sich damit selbst.

1.2
Dorferzählungen in der Novellistik des 19. Jahrhunderts

Berthold Auerbach gilt als Erfinder der Gattung. Mit seinen *Schwarzwälder Dorfgeschichten* (1843) bewältigte er eine Lebenskrise: Der junge Talmudgelehrte fand in der Darstellung seiner lebensvollen, hellen, ganz diesseitigen alemannischen Dorfheimat die Erlösung aus dem bedrückend empfundenen Spiritualismus seiner Väterreligion.[11] Er hatte zahllose Nachahmer. Die späten Ausläufer der Dorfgeschichten-Mode finden sich in der Gartenlauben-Idyllik, in der „Heimatkunst"-Bewegung eines Adolf Bartels, der Blut-und-Boden-Mystik der Nazis und schließlich im Heimatfilm und der einschlägigen Romanheft-Literatur.

Jürgen Hein[12] unterscheidet zwei Dorfgeschichten-Phasen im 19. Jahrhundert. Die erste von 1830 bis 1860 ist namentlich bestimmt von Immermann und Auerbach. Danach wird die Tradition fortgeführt von Ebner-Eschenbach, Anzengruber, Rosegger und Ganghofer, um nur die namhafteren Vertreter zu nennen.

Eine literaturwissenschaftliche Eingrenzung als eigene Literaturgattung ist schwierig. Letztlich handelt es sich um einen nur thematisch zu bestimmenden Sammelbegriff.

Schwierig ist auch die qualitative Wertung. Die Dorfgeschichte trat an als Kontrahentin des unsäglich sentimentalen und süßlichen Salonromans, der z. B. in Heinrich Claurens Roman *Mimili* noch um die Mitte des Jahrhunderts Auflagentriumphe feierte. Das Dorfmilieu wird dem Salon programmatisch entgegengesetzt als eine Welt der Gesundheit und ursprünglichen Rechtschaffenheit. Dabei war auch die neue Dorfepik nicht frei von sentimentalen Zügen. In ihren Epigonen schlug sie vollends um in eine dumpf provinzialistische Großstadt- und Zivilisationsfeindlichkeit. (Man denke z. B. an Friedrich Lienhards Kampf gegen den Naturalismus.)

Die literarhistorischen Wurzeln der Dorfgeschichte liegen in der späten Aufklärung, bei den französischen Physiokraten und den Schweizer Philanthropen (s. a. 1.3).

Der Schweizer moralistische Schriftsteller Heinrich Zschokke erzählt in seinem *Goldmacherdorf* (1817) die Geschichte des Dorfes Goldenthal, „das seinen Namen nicht verdient". Ein Schulmeistersohn kämpft darin gegen die moralische und ökonomische Verkommenheit seines Heimatdorfes, gegen Trunksucht und Schuldenmacherei. „Ich schrieb“, sagte Zschokke, „um die Idee von besseren Schulen, Güterarrondierungen usw. unter unsere Landleute zu bringen.“[13] Die gleiche volkserzieherische Tendenz verfolgte jenseits des Rheins Johann Peter Hebel, indem er die trivial-aufklärerische Erbauungsliteratur der Bauernkalender ins Dichterische überhöhte.

Von derartigen sozialreformerischen Intentionen ist bei Auerbach nichts zu finden, allenfalls Gefühlsappelle an das soziale Mitleid, wie z. B. in seinem Roman *Barfüßele*, einer Aschenputtel-Geschichte im Bauernmilieu. Sein Erzählton erscheint dem heutigen Leser allzu gefühlsselig. Sein Auflagenerfolg allerdings übertraf bis in unser Jahrhundert hinein Gottfried Keller beträchtlich. Er erklärt sich wahrscheinlich aus der Naturschwärmerei eines landfremd gewordenen Bildungsbürgertums. Die Zustände des Dorfes und ihrer Bewohner sind bei Auerbach mit Rücksicht auf ein empfindsames Lesepublikum idealisiert, die Milieuschilderung wird zum Genußmittel. Hebbel sprach voller Ingrimm von einer „absurden Bauernverhimmelung“.

Autoren wie Fritz Reuter, Storm, Stifter, Droste-Hülshoff und nicht zuletzt Gotthelf und Keller dagegen haben das Dorfthema in den Rang großer Literatur erhoben. Mit ihnen gelangte die Dorferzählung aus der provinzialistischen Enge in „die Sphäre zeitloser Kunst“[14]. Bei Gotthelf und Keller wirken zudem noch die volkserzieherisch-philanthropischen Ideen von Hirzel und Pestalozzi nach, in denen sich die Liebe zum Landleben mit einem nüchternen sozialreformerischen Sinn verband. Solcher Sinn bewahrte sie vor dem Abgleiten in die Sentimentalität. So sind Gotthelf und Keller ganz frei von der verklärenden Idyllik vieler deutscher Dorfgeschichten-Autoren. Sie scheuen sich nicht, das Dorfleben mit all seinen Ecken und Kanten abzubilden. Was Keller über Gotthelf schrieb, war sein eigenes Programm:

> „Pfarrer Bitzius steht als Schriftsteller nicht über dem Volke, von welchem und zu welchem er spricht, er steht vielmehr mitten unter demselben und trägt an seiner Schriftstellerei reichlich alle Tugenden und Laster seines Gegenstandes zur Schau. Insofern ist er viel mehr als die kunstgerechten und objektiven idealisierenden Dorfgeschichtendichter ein wahrer Leckerbissen für jeden Gourmand und ein wahrer Kenner des Volkslebens.“[15]

1.3 Der Gegensatz Stadt/Land bei Pestalozzi, Gotthelf und Keller

„Es ging ein reicher Bauer in die Stadt zu einem Fürsprech, er sollte ihm einen Handel verfechten. Nun aber war die Gegenpartei schon bei ihm gewesen, und er hatte sie angenommen. Er sagte dem Bauer, es sei ihm äußerst leid, ihm nicht dienen zu können, er habe unmöglich Zeit. Aber wenn er wolle, so könne er ihm einen Freund angeben, der ihm die Sache mache so gut als er selbst. Der Bauer nahm es dankbar an und erhielt ein Briefchen an den Freund. Ehe er es abgab, ging derselbe in Gritli's Weinkeller und traf dort seinen Gegner. Beim Wein wurden sie redselig, als alte Nachbarn traulich. Als sie merkten, daß beide beim Gleichen gewesen, wurde ihnen der Brief verdächtig; sie öffneten ihn, darin hieß es: Lieber Freund, heute sind zwei fette Gänse in die Stadt geflogen, du und ich wollen sie rupfen." (J. Gotthelf: *Zeitgeist und Berner Geist,* I, 8)

„...Von diesem Tage an lagen die beiden Bauern im Prozeß miteinander und ruhten nicht, ehe sie beide zugrunde gerichtet waren ... Da sie eine faule Sache hatten, so gerieten beide in die allerschlimmsten Hände von Tausendkünstlern ... Vorzüglich waren es die Spekulanten aus der Stadt Seldwyla, welchen dieser Handel ein gefundenes Essen war, und bald hatte jeder der Streitenden einen Anhang von Unterhändlern, Zuträgern und Ratgebern hinter sich, die alles bare Geld auf hundert Wegen abzuziehen wußten." (G. Keller: *Romeo und Julia auf dem Dorfe,* 17 f.)

Die Prozessierwut der Bauern und die Gewissenlosigkeit der städtischen Advokaten sind, wie man sieht, ein stehendes Motiv der Schweizer Dorferzählung. Sobald der Bauer in die Stadt kommt, betritt er feindliches Terrain. In seinen schlichten, von der Naturalwirtschaft geprägten Rechts- und Lebensvorstellungen wird er schamlos ausgenutzt, er wird „gerupft" wie eine fette Gans.

Die Stadt als feindliche Gegenwelt des Dorfes ist das Thema zahlreicher Bauerngeschichten von Anzengruber bis Ludwig Thoma. In der Schweiz aber hat dieses Thema eine besondere volkserzieherische Tradition. In der bürgerlichen Aufklärung des 18. Jahrhunderts erschien der Landmann als Inbegriff einer moralisch gesunden, auf vernünftiger Wirtschafts- und Lebensführung gegründeten Menschlichkeit. In diesem Bild vereinigt sich die

Lehre der französischen Physiokraten (Quesnay, Turgot, Mirabeau), nach denen der Ackerbau die wahre Quelle des Volkswohlstandes ist, mit altschweizerischen, calvinistischen Moralvorstellungen.

1761 erscheint von dem Züricher Arzt und Philanthropen Hans Kaspar Hirzel *Die Wirtschaft eines philosophischen Bauers*. Der Held dieser erbaulichen Erzählung im Stil der moralischen Wochenschriften ist die Idealfigur eines aufgeklärten Landmannes, der die Kunst beherrscht, einen auskömmlichen Erwerb mit dem heiteren Glücksgefühl eines Epikureers zu verbinden. Ähnlich hatte Rousseau seine Bergbauern, die *montagnards*, als Vorbilder naturhafter Lebensphilosophie der Pariser Sittenlosigkeit entgegengesetzt.

Johann Heinrich Pestalozzi steht in der Tradition dieses aufklärerischen Philanthropismus, übernimmt aber nicht dessen idyllisierende, schäferpoesiehafte Züge. Seine Darstellung bäuerlicher Verhältnisse ist realistisch, seine Parteinahme für die Bauern von scharfer Sozialkritik begründet. Vor den revolutionären Wandlungen nach der Ausrufung der Helvetischen Republik (1798) befanden sich die Bauern noch in zahlreichen Fronabhängigkeiten gegenüber dem Adel. Der aufgeklärte und menschenfreundliche Junker Arner in *Lienhard und Gertrud* verteidigt gegenüber seinen Verwandten die Abschaffung solcher Dienste:

„Sylvia: ... Die Bauern haben keine Rechte; ihre Rechte sind nur Gnadensachen.
Arner: Und wenn's auch wäre, so wäre es nicht für mich. Die Bauern machen so widrige Gesichter, wenn man ihnen ihre Rechte nimmt, daß ich auch nur kein Roß im Stall haben möchte, das den Kopf und das Maul hängen und Augen machen würde wie dergleichen Bauern.
Sylvia: Die Roßordnung und die Bauernordnung lassen sich nicht miteinander vergleichen.
Arner: Ihr meint etwa, man könnte nicht bestehen, wenn man die Bauern so gut halten würde als die Pferde?" (*Lienhard und Gertrud*, 1781, IV, Kap. 3)

Arner verbindet altschweizerischen Freiheitssinn mit Philanthropie, wie sich die Sozialgesinnung einer neuen Zeit damals nannte. Er hilft den Bauern, sich von einem blutsaugerischen, korrupten Vogt zu befreien, der bezeichnenderweise ein Wirtshaus betreibt, um die Bauern auch durch Alkoholsucht von sich abhängig zu machen. (Auch bei Jeremias Gotthelf sind die sittenpredigerhaften Ausfälle gegen die Wirtshaussitzerei der Bauern ein ständig wiederholtes Motiv.)

Pestalozzis Heilmittel gegen alle sozialen Übel ist die Erziehung. Durch sie soll den Dorfbewohnern die in ihren Wurzeln calvinistische Ordnungsvorstellung von Fleiß, Sauberkeit, Sparsamkeit und Genußaufschub vermittelt werden. Arner ordnet denn auch als erstes das Schulwesen des Dorfes neu. Er führt eine den Bedürfnissen der Bauern entsprechende Rechts- und Prozeßordnung ein (IV, Kap. 51), mindert die Schuldabhängigkeit, verteilt die Gemeindeweide, richtet eine Sparkasse ein und läßt das Wirtshaus schließen. Durch ein vielfältiges soziales Erziehungssystem wird ein ganzes Dorf moralisch und, ganz im Sinne calvinistisch geprägter Aufklärung, damit auch wirtschaftlich gerettet.

Pestalozzis Sozialprogramm ist frei von utopischer Verstiegenheit. Gesinnungswandel und pragmatische Reform gehen bei ihm ineins. In seiner *Abhandlung über den Bauern* (1782) zeigt er mit soziologischem Scharfsinn die Gefahren, die dem Bauernstand aus dem Übergreifen städtischer Lebens- und Konsumgewohnheiten auf das Land erwachsen. Durch die Einführung von Heimarbeitsindustrien und dörflicher Fabrikarbeit (bes. Wollspinnereien und Seidenwebereien) entstand ein dörfliches Proletariat, das seinen Arbeitslohn in „Kaffee, Zucker und Kleider-Hoffart" umsetzte.

> „Der wohlhabende Güterbesitzer ... wird jetzt vom Spinnervolk in Wirtshäusern auch unbarmherzig verspottet, sie singen und pfeifen ihm zum Fenster hinaus, wenn er am Morgen früh mit seinen Stieren ins Feld fährt und am Abend mit Kot und Schweiß beladen wieder heimkommt; sie spiegeln ihm ihr Semmelbrod, wenn er Roggenbrot ißt, und spotten mit frischem Rindfleisch auf ihrem Tische über seinen ranzigen Speck."[16]

Die sozialen Antagonismen eines auf schnellen Verbrauch zielenden Industriearbeitertums und eines auf langfristige Güterakkumulation bedachten Bauernstandes, die das 19. Jahrhundert beherrschen werden mit all ihren Erscheinungen von Landflucht und sozialer Verelendung, deuten sich bereits an.

Ganz in dieser neuen sozialen Situation steht Jeremias Gotthelf (1797–1854). Als Landpfarrer sah er die Wandlungen im Leben der Bauern genau. Alle altüberlieferten Abhängigkeiten vom

Landadel waren nicht nur, wie vom noblen Herrn Arner, durch Gnadenerweis erlassen, sondern von politischen Instanzen aufgehoben. An ihre Stelle traten andere Abhängigkeiten: Verschuldung und Auslieferung an gewissenlose Bodenspekulanten und ein profitgieriges Aufkäufer- und Händlertum. In dem Roman *Erlebnisses eines Schuldenbauern* (1853) hat Gotthelf die Not und das Elend einer in solche Abhängigkeit geratenen redlichen Bauernfamilie bewegend erzählt. Das gleiche moralische Pathos der Anklage beseelte den Republikaner Pestalozzi wie den konservativen Landpfarrer Albert Bitzius, genannt Jeremias Gotthelf. Gotthelf sieht im Liberalismus der neuen Berner Kantonsregierung und in der traditionsfeindlichen Fortschrittsgesinnung von 1848 Gefahren für das Schweizer Landvolk. Die städtischen Liberalen suchen in den Bauern Bundesgenossen für ihre antiaristokratischen und antiklerikalen Bestrebungen. Über der Politisiererei und endlosen Wirtshausdebatten versäumt der Bauer seine Hof- und Feldarbeit.

Die Gemessenheit aller Bewegungen und Verrichtungen, der ruhige Rhythmus im Ablauf der jahreszeitlich wechselnden Arbeiten, die Beständigkeit und Verläßlichkeit der bei der täglich neu geforderten Sorge für Mensch und Tier, alles das ist für Gotthelf die Quelle einer guten christlichen Demutsgesinnung, die durch den unstetigen, fahrigen Händler- und Spielergeist der Stadtbürger in Frage gestellt wird.

> „Beim Landmann geht es nicht zu wie beim Kaufmann. Bei dem letzteren ist lauter Spiel: heute wird er getrümpft, morgen trümpft er wieder ... Ganz anders ist es bei dem Landmann; da geht die Sache langsam, aber stetig, kleine Verluste gleichen sich durch kleine Gewinne aus, Fehljahre durch gute Jahre, und bei Fleiß und Sorgsamkeit und ohne großes Unglück geht es langsam vorwärts." (J. Gotthelf: *Geist und Geld*[17])

Seine über die zeitgenössische Polemik von 1850 hinausragende Bedeutung aber hat Gotthelf als Erzähler, nicht als Moralist. Wenn der Dichter in ihm den Prediger und Kulturkritiker überwältigt, entstehen Darstellungen von Farbe und Kraft.

In seinen Berliner Jahren las Gottfried Keller Gotthelfs Erzählungen mit kennerhaftem Entzücken. Daß er in mancherlei Hinsicht geradezu Gotthelfs Schüler war, hat Walter Muschg festgestellt:

„In jenem Durchgang durch Gotthelfs Gestirn blühten seine reichsten dichterischen Gedanken auf."[18]

Er weist darauf hin, daß Sali und Vreni in *Romeo und Julia auf dem Dorfe* Gotthelfische Namen tragen.

„Ihre hartköpfigen, verwahrlosten Väter sind aus dem Holz von Gotthelfschen Bösewichtern geschnitzt. Vollends der Schwarze Geiger ist aus den Gefilden seiner dämonischen Nachtgestalten hinübergewandert."[19]

Auch das Motiv vom „abgeschleipften Hof" ist ein Gotthelf-Motiv.

In ihrer Parteinahme für die ursprüngliche bäuerliche Wesensart, in der sie eine natürliche Bindung und eine geradezu königliche Würde ausgedrückt sahen, begegnen sich Gotthelf, der Verfechter einer religiös gebundenen Ständeordnung, und der Freischaren-Revolutionär Keller.

„Der Bauer hat so gut Zeit, ein vernünftig denkender Mensch zu werden als der größte Herr. Nur der Unterschied wird sich geben, daß der Herr viel weiß von der Kunst, daß er Gemälde und Bücher kritisch zu bereden weiß, der Bauer aber nichts davon versteht, hingegen viel von dem, was Gott schafft in und außer ihm." (J. Gotthelf: *Leiden und Freuden eines Schulmeisters*, II)

„Denn die Landleute haben so gut ihre ausgesuchten Promenaden und Lustwälder wie die Städter, nur mit dem Unterschied, daß dieselben keine Unterhaltung kosten und auch schöner sind ... Wenn sie über Land gehen, schneiden sie sich gern eine schlanke Gerte ... Solche Rute tragen sie wie ein Szepter vor sich hin." (G. Keller: *Romeo und Julia auf dem Dorfe*)

Im Kontrast zu dieser unbefangenen Würde steht ein seinen handwerklich-ständischen Ursprüngen entfremdetes Stadtbürgertum, das sich einem schlawinerhaften Glücksrittertum hingibt wie die „Falliten" von Seldwyla.

So knüpft Keller mit seiner Dorfnovelle durch Vermittlung Gotthelfs an die Tradition der schweizerischen Patriotenbünde des 18. Jahrhunderts an, an die Philanthropen und Aufklärer Hirzel und Pestalozzi und ihre volkserzieherischen Bestrebungen. (Auch Heinrich Zschokke wäre hier noch zu nennen.)[20] Sein genauer, kritischer Blick für die Menschen und ihre Lebensverhältnisse bewahrt ihn dabei vor dem Abgleiten in den dorfliterarischen Provinzialismus. Ganz unprätentiös, aber mit sicherem Selbstbewußtsein stellt er in dem von Shakespeare entlehnten Titel seinen Anspruch: die Neugestaltung eines großen weltliterarischen Themas. Ein solches Schicksalsthema aber ist nur noch glaubhaft „im niederen Volke, welches die Flamme der kräftigen Empfindung und Leidenschaft nährt."[21]

1.4 Die Literaturtheorie des poetischen Realismus

> „Ich möchte gern wieder in Ihren Seldwyler oder Altzüricher Gärten oder gar im Jugendparadies mit Ihnen wandeln, wo es etwas weniger grausam realistisch (Verzeihung für das Wort!) als im ‚Martin Salander' hergeht." (Theodor Storm an Keller, 9.12.1887[22])

> „Es ist nicht schön! Es ist nicht schön! Es ist zu wenig Poesie darin." (Gottfried Keller über seinen Roman *Martin Salander,* 1886, nach W. Petersen)

Was bedeuten dem realistischen Erzähler „Poesie" und „Schönheit"?

Edgar Neis hat darauf hingewiesen, daß Storm, Keller, Hebbel, Heyse und C. F. Meyer sich mit ihrer Vorliebe für ausgesprochen romantische Motive über alle poetologischen und literaturtheoretischen Diskussionen ihrer Zeit- und Zunftgenossen hinweggesetzt haben.[23] An den bourgeoisen Verhältnissen der Schweizer Gründerjahre allerdings, die Keller in seinem Spätwerk *Martin Salander* mit sozialkritischer Schärfe und Bitterkeit nachzeichnete, gab es auch für ihn nichts mehr zu poetisieren. In den Seldwyler und Züricher Novellen und im „Jugendparadies" des *Grünen Heinrich* jedoch, zu Zeiten, als „die Macht des Geldes noch nicht dämonische Formen angenommen hatte" (G. Lukàcs), gelang es ihm, „um das Lebenswahre den Schleier zu ziehen, der ihm den Zauber des ahnungsvollen Traumes gibt" (Fr. Th. Vischer).[24]

Im März 1855, als Keller seinen *Grünen Heinrich* beendet und mit der Niederschrift seiner ersten Seldwyla-Novellen begonnen hatte, prophezeite Heinrich Heine das Ende der Poesie: „Die Nachtigallen, diese unnützen Sänger, werden verjagt werden, und ach, aus meinem Buch der Lieder wird der Gewürzkrämer sich Tüten drehen" (*Lutetia,* Vorrede). Das von ihm proklamierte

„Ende der Kunstperiode" war allerdings mehr als ironische Attitüde. Die Mitte des Jahrhunderts war bestimmt von einer bewegten Auseinandersetzung mit der literarischen Tradition. Es ging um die Frage, ob die moderne Welt „noch poetisch, d.h. im imaginären Medium dichterischer Erfahrung darstellbar sei."[25]

Daß zu solcher Darstellung die literarischen Muster der deutschen Klassik und Romantik untauglich geworden seien, war unstrittig unter den Literaturtheoretikern von Vormärz und Nachmärz. Die Literaturgeschichte von Georg Gottfried Gervinus (abgeschlossen 1842) mit ihrer Forderung nach einer neuen, politischen, am Nationalgedanken orientierten Literatur war Standardwerk.

1848 hatten Gustav Freytag und der Literaturkritiker Julian Schmidt die liberalistische Literaturzeitschrift „Grenzboten, eine deutsche Revue" übernommen. Sie wurde das Diskussionsforum der Theoretiker einer neuen realistischen Ästhetik. Es ging, wie es hieß, um den „gesunden Realismus". Man verstand darunter vor allem die Absage an stilistische Manieriertheit und die Rückkehr zur Einfachheit, Natürlichkeit und, paradox für eine Ästhetik des Realismus, zur Idealität. Otto Ludwig galt nach diesem Wertekanon als Vorbild (obgleich er bekannte, daß „der Eifer nach Gesundheit" ihn „krank und fieberhaft" mache[26]). Gottfried Keller dagegen muß sich in oberlehrerhaftem Ton ermahnen lassen, „sich zu entschließen, ein seinem bisherigen Schaffen ganz entgegengesetztes Prinzip zu verfolgen" (Julian Schmidt in seiner Besprechung des *Grünen Heinrich*).[27]

Keller hat sich gottlob nicht dazu entschlossen. Er hatte einen besseren Literaturtheoretiker als Julian Schmidt als Korrespondenzpartner: den Heidelberger Dozenten Hermann Hettner. Mit ihm verband Keller das Konversionserlebnis der Heidelberger Feuerbach-Vorlesungen im Winter 1848/49. Für Kellers Freund Hettner bedeutete die Feuerbachsche Religionskritik die Befreiung aus den Denkschemata der Junghegelianer, für Keller war sie eine Erlösung aus den ihn schon lange drückenden Bindungen seiner calvinistischen Jugenderziehung.

> „Soviel steht fest, ich werde tabula rasa machen mit allen meinen bisherigen religiösen Vorstellungen, bis ich auf dem Feuerbachischen Niveau bin."[28]

Gleichzeitig aber bekennt er, daß

> „ich nie ein Fanatiker sein werde, daß ich nach wie vor die geheimnisvolle schöne Welt zu allem Möglichen fähig halte."[29]

Der Kreis um den dogmatischen Kritiker Julian Schmidt mit seiner flachen, banausischen Antiromantik nahm gerade an diesem Rest des Geheimnisvollen in der Welt, an dem, was Keller an anderer Stelle die „unbekannte Ergänzung des Wirklichen" nannte, erbittert Anstoß. Robert Prutz mokierte sich über den „romantischen Nebel, durch den Gottfried Keller die Dinge zu sehen liebt." (1859, *Die dt. Literatur der Gegenwart*)[30]

Kellers Begriff von realistischer Darstellung war umfassender. Er verband in großem Spannungsbogen das soziale Mitleid eines Charles Dickens mit Goethes Formbegriff. Nach einem Wort Goethes gibt es wenige,

> „... die eine Phantasie für die Wahrheit des Realen besitzen, ... und dann gibt es andere, die am Realen kleben und, weil es ihnen an aller Poesie fehlt, daran gar zu enge Forderungen machen."[31]

Keller fehlte es eben nicht an „Poesie". Nach der von Feuerbach geforderten Absage an die Transzendenz suchte er dessen geheimnisvollen Goldglanz im Diesseits, entwickelte er eine ganz eigene Weltfrömmigkeit, die er in poetischer Form sichtbar zu machen suchte. Der Begriff des poetischen Realismus paßt zu ihm viel besser als zu seinem Erfinder Otto Ludwig.

> „Keller ist nicht zuletzt darum der wahre poetische Realist, weil er nie völlig auf die romantischen Aufschwünge zum Geheimnisumwittern, zum Magischen und Märchenhaften verzichtet hat."[32]

Preisendanz rühmt an seinen Schilderungen die „Charis, die Sonnenwärme",[33] Edgar Neis spricht von der „Wärme des Malerischen,"[34] „a higher, significant reality" nennt es Silz, „not falsified, but seen and selected with a poet's and philosopher's eye."[35]

Auch Otto Ludwig hatte im Prinzip der Selektion ein Gesetz des Poetischen gesehen:

> „Die Poesie gründet sich auf Nachahmung, aber sie ahmt nur das Wesentliche nach, sie wirft das Zufällige weg."[36]

Ludwig hatte damit nicht einfach eine verkürzende Darstellung zur Hervorhebung des Signifikanten im Sinn, sondern eine Vereinigung des „realen mit dem idealen Element, beide in möglichster Steigerung ins möglichste Gleichgewicht gebracht."[37] Bei aller Infragestellung der Weimarer Klassik kommen die Realisten des Nachmärz, so scheint es, nicht über den deutschen Idealismus hinweg.

Keller ist darin unbefangener. Er redet von der „Reichsunmittelbarkeit der Poesie im Zeitalter des Fracks und der Eisenbahnen."[38] Im *Grünen Heinrich* (Buch III, Kap. 1) schildert er die Überwältigung des jungen Heinrich Lee durch die Lektüre Goethes. Als die ihm zur Ansicht überlassenen Bücher wieder aus dem Hause sind, ist es ihm,

> „als ob eine Schar glänzender und singender Geister die Stube verlassen hätten, so daß diese auf einmal still und leer schien."[39]

Die Begegnung mit Goethe bewirkt in Heinrich Lee eine „Umwandlung in seiner Anschauung vom Poetischen".

> „In Bezug auf manches, was ich bisher poetisch nannte, lernte ich nun, daß das Unbegreifliche und Unmögliche, das Abenteuerliche und Überschwengliche nicht poetisch sind und daß, wie dort die Ruhe und Stille in der Bewegung, hier nur Schlichtheit und Ehrlichkeit mitten in Glanz und Gestalten herrschen müssen, um etwas Poetisches oder, was gleichbedeutend ist, etwas Lebendiges und Vernünftiges hervorzubringen."[40]

Die Koinzidenz von Stille und Bewegung, die Absage an den Überschwang und das Bekenntnis zur Schlichtheit sind aber nicht nur goethesch, sie erinnern auch auffällig an Adalbert Stifters Vorrede zu *Bunte Steine*, an dessen „sanftes Gesetz" der unmerklichen, aber mächtigen Wandlungen in Natur und Sittlichkeit:

> „Wie gewaltig und in großen Zügen auch das Tragische und Epische wirken, wie ausgezeichnete Hebel sie auch in der Kunst sind, so sind es hauptsächlich doch immer die gewöhnlichen, alltäglichen, in Unzahl wiederkehrenden Handlungen der Menschen, in denen dieses Gesetz am sichersten als Schwerpunkt liegt."[41]

Kellers poetischer Realismus hat in der Tat auch einen biedermeierlichen Zug, nicht im Sinne einer verklärenden Idyllisierung, sondern in der Reduktion des Überschwangs, im Bemühen um „Schlichtheit und Ehrlichkeit". Wie Stifter findet Keller seine eigene sprachstilistische Form in der Abkehr von seinem Jugendideal Jean Paul.

„In seinem Grundgefühl des beständigen gestillten Daseins war Keller Stifter verwandt."[42]

Seine „Poetisierung der Wirklichkeit von innen" (G. Lukács) ist für ihn mehr eine Lebensfrage als ein ästhetisches Problem. Er nimmt die Sache ernster als die zeitgenössischen literarischen Gazettenschreiber mit ihren endlosen kritischen Querelen um den „gesunden Realismus". Sein Held Heinrich Lee kommt nicht nur in seiner Malerei, sondern vor allem in seiner Menschlichkeit ein Stück voran, als er den wahren Begriff des Poetischen gefunden hat. Das „Lebendige und Vernünftige" bedeutet Abkehr vom Abenteuerlichen, Überschwenglichen, Exzentrischen. „... daß es gesünder sei, das Mögliche zu schaffen als zu schwärmen", so beschreibt Keller die Moral seines Romans.[43] Das moralische Prinzip ist auch das literarische. Nicht durch ausgeklügelte subjektive Interessantheiten, sondern durch klare, übersichtliche Widerspiegelung der wesentlichen Momente des Lebens wirkt Kellers poetischer Realismus. Kellers Freund und Kritiker Friedrich Theodor Vischer drückte es so aus:

„Es ist ein lebenstüchtiger Realismus in jenem guten Sinne des Worts, der die echte Idealität in sich begreift. Was ihn eigentlich unterscheidet, ist eine gewisse ausnehmende Herbigkeit, eine Art von Unerbittlichkeit, womit er uns die Nase auf den Granitgrund der Realität drückt ..., verbunden mit einem freien Gemüt und einem Höhenzug des Geistes."[44]

2
Inhaltsstruktur

Walter Silz verweist auf die „symmetrischen Ordnungsmuster" in Kellers Erzählhandlungen.[45] Hugo von Hofmannsthal betont die „gute, starke Harmonie ..., ein jedes Teil im Gleichgewicht gehalten von einem Gegenteil, ein jedes Geschick melodisch bezogen auf Geschicke, die im geheimnisvoll richtig geteilten Abstand zu ihm schwingen."[46]

Um solche musikalisch-poetische Kontrapunktik der Novelle sichtbar zu machen, scheint es gerechtfertigt, eine dreiphasige Inhaltsinterpretation an den Anfang zu stellen. Die drei Querschnitte wollen ein erstes skizzenhaftes Bild von der Handlung und ihren vielfältigen Motivverflechtungen vermitteln. In den Abschnitten 3 und 4 folgt dann längsschnitthaft eine Darstellung des poetischen Gehaltes und der Sprachgestalt.

Die Zweigliedrigkeit der Erzählhandlung, an der Fontane Anstoß genommen hatte,[47] trennt die beiden Handlungsstränge „Streit der Bauern" und „Liebe der Bauernkinder" in scharfem Schnitt fast in der Mitte der Novelle (48). Mit dem Närrischwerden des Marti ist die Geschichte der Bauern abgeschlossen. Abgesehen von Salis Abschied von den Eltern (56) sind die Alten aus dem Geschehen verschwunden. Auffällig ist auch die jetzt einsetzende Dehnung der Erzählzeit. Bis S. 49 sind etwa 14 Jahre erzählt, die ab S. 50 einsetzende erzählte Zeit bis zum Schluß der Novelle umfaßt 4 Tage.[48] Ebenso auffällig ist der Wechsel im Erzählstil; er wird inniger, zarter, gewinnt Märchenzüge (s. a. 4.3).

Trotz dieser harten Brüche bewahrt die Erzählung ihre Einheit. Dies liegt an den zahlreichen Verklammerungen durch variierende Motivwiederholungen (z. B. der Acker, der Fluß), motivische Kontrastierungen (das Wirtshaus des Manz, die Wirtshäuser auf dem Lande), schicksalsträchtige Antizipationen (die Stadt Seldwyla am Horizont), vor allem aber an der aus Charakteren und Handlung erwachsenden tragischen Konsequenz der Geschichte.

Der biographische Bezugspunkt in 2.3 soll nicht einfach eine Hintergrundinformation liefern, sondern deutlich machen, daß die Tragik der Novelle mit Gottfried Kellers tragischem Lebensgefühl zur Zeit ihrer Abfassung im Zusammenhang steht.

2.1
Der Erzählanfang

Die beiden Pflüger

Der Anfang bietet das Bild vom „goldenen Überfluß“: „... eine weitgedehnte Erdwelle, wohlbebaut – die fruchtbare Ebene – große Bauernhöfe – drei prächtige lange Äcker, weithingestreckt – der schöne Fluß – die Stille des Landes ...“ (3/4), das alles erhellt vom Licht des „sonnigen Septembermorgens“ (3). Leitmotivisch wiederholen sich Hinweise auf Ordnung, Fleiß, Sicherheit und Wohlstand: „... die frischduftende braune Fläche“ der Pflugäcker (11), „der fleißige Meister“ (5), „die zärtliche Bäuerin“ (5), „der sichere, gutbesorgte Bauersmann“ (3), „die stattlichen Pferde“ (4). Eine Welt satter bäuerlicher Wohlhabenheit eröffnet sich, erfüllt von Ruhe und Frieden. Die beiden Pflüger, die mit der Unbeirrbarkeit eines Sternbildes (4) über die Hügelkuppe ziehen, sind einander in wortkarger, aber freundlich-nachbarlicher Gesinnung verbunden. Als „gute Nachbaren“ setzen sie sich „zu einem gemeinschaftlichen Imbiß“ (5), sie nehmen „mit Behagen ihr Frühstück ein“ (5) und begegnen ihren Kindern mit „zufriedenem Wohlwollen“ (5). Das sorgsam bereitete Frühstück läßt auf einen reinlichen, ordentlich geführten Hausstand schließen: „... ein schönes Brot, in eine Serviette gewickelt, eine Kanne mit Wein und Gläsern und noch irgendein Zutätchen“ (5). Die Kinder sind „beide gesund und munter“ (5).

In den innigen Gefühlston, mit dem hier ein ländliches Arkadien beschworen wird, mischt sich distanzierende Ironie. In den Kniehosen der Bauern hat jede Falte des groben Zwillichstoffes „ihre unveränderliche Lage, wie in Stein gemeißelt“ (3). Der Ostwind läßt jeweils an der gleichen Stelle des Hügelkammes, wo die Bauern sich begegnen, ihre gleichfarbenen und gleichförmigen Zipfelklappen zur gleichen Zeit „wie zwei weiße Flammen gen Himmel züngeln“ (4). Ordnung und Gleichmaß, Wesenszüge des durch strenge Traditionen geregelten dörflichen Daseins, zeigen hier eine leichte Übertriebenheit, einen leisen Beiklang von Komik. Jener Drang nach „Symmetrie und parallelen Linien“ (17), der sich später im Bauern Manz zu einer verhängnisvollen, zwanghaften Marotte entwickelt, deutet sich bereits an: „alles muß zuletzt eine ordentliche und gerade Art haben“ (14), sonst muß man Furcht haben vor „dem Gespötte der Leute“ (14).

Das Dorfleben ist eng ein- und abgegrenzt, ist verhaftet einem strengen Formen- und Sittenkodex. In den Trachtenvorschriften und Brauchtumsüberlieferungen der alten Dorfkultur zeigt sich viel entindividualisierender Zwang, starre Regelhaftigkeit und Selbstgenügsamkeit. Die Feindschaft gegen soziale Außenseiter wie den schwarzen Geiger entspringt nicht zuletzt diesem fremdenfeindlichen Traditions- und Ordnungssinn, der Abstoßungskraft gegen alles nicht Wesens- und Artgemäße, die in den beiden Bauern noch mit ganz ungebrochenem Selbstbewußtsein zum Ausdruck kommt.

Dieser Ordnungs- und Traditionssinn hat aber auch eine Schutzfunktion. Keller sah mit Gotthelf die Gefährdung der alten bäuerlichen Naturalwirtschaft durch den „amoralischen, spekulativen Erwerbssinn des Zeitgeistes“[49]. In seinen Gotthelf-Rezensionen (1849–1850) zitiert er aus dem *Schuldenbauern:*

> „Der Bauer arbeitet mit seiner Frau, ist betriebsam, kenntnisreich und fleißig von früh bis spät, alles gelingt ihm, aber nicht für ihn, sondern für die Güterkäufer, Agenten, Spekulanten und Halunken, in deren Händen er ist und welche alle Radikale und liberale Lumpen sind.“[50]

Die „liberalen Lumpen“ sind in der Sprache der Bauern „die Lumpenhunde zu Seldwyl“ (6), die „Stecklespringer“ (6),[51] unsichere, schwankende, wurzellose Existenzen, die mit ihren undurchschaubaren Spekulationen den Bauern ihr gutes Land abjagen wollen. In diese Verachtung werden auch die Regierungsinstanzen einbezogen, die „Kanzleien“. Ihnen wird Korruption und Eigennutz unterstellt. „Denn was einmal auf der Kanzlei zu Seldwyl liegt, hat da gute Weile … Die Lumpen möchten indessen gar zu gern was zu naschen bekommen durch den Pachtzins“ (5). So betrachten die Bauern die ferne Stadt fast wie ein feindliches Heerlager, das „räucherig und glänzend in seinen Bergen“ liegt (5). Sie dagegen stellen die „ursprüngliche Art dieser Gegend“ dar (4), von den ganz konkreten, unentfremdeten Sozialbeziehungen ihrer Dorfgemeinschaft geprägt, sie „gleichen einander vollkommen“ (4).

Wiesmann bezeichnet den „Gegensatz zwischen wahrem Menschsein und trügerischer, illusionärer Existenz“[52] als das Hauptproblem von Kellers Prosa. Der sternbildhaft sichere Gang der beiden Bauern über die Hügelkuppe zeigt einen vollkommenen Einklang äußerer Bewegung und inneren Wesens. Ruhig, gemessen und kraftvoll ist diese Bewegung, aber auch anmutig, von naturwüchsiger Schönheit:

> „Langsam und mit einer gewissen natürlichen Zierlichkeit setzten sie einen Fuß vor den anderen“ (4).
> „So pflügten beide ruhevoll“ (4).
> „Wenn sie, auf ein Hindernis stoßend, den Pflug fester faßten, so zitterten die groben Hemdärmel von der leichten Erschütterung, indessen die wohlrasierten Gesichter ruhig und aufmerksam vor sich hinschauten“ (3).
> „Ab und an räumen sie einen den Pflug hemmenden Stein fort, mit lässig kräftigem Schwunge“ (4).

Noch leben beide „aus dem natürlichen Ursprung“,[53] die trügerisch illusionäre Existenzform der „Stecklespringer“ ist ihnen zutiefst fremd. Sie „erscheinen als Repräsentanten einer Naturordnung, die ihrerseits auf eine menschliche Ordnung der Arbeit und des in objektiven Formen vorgegebenen gesicherten Zusammenlebens verweist.“[54]

Später, nach dem Verlust ihrer Bauernexistenz, wird sich die Selbstentfremdung der beiden Bauern in ihren unstet gewordenen, fahrigen, ungelenken Arbeitsbewegungen manifestieren. Noch aber sind sie ganz dem naturhaft ruhigen Rhythmus der Feldarbeit verbunden, dem „ruhevollen“ Schritt des Pflügers, dem „lässig-kräftigen Schwung“ des Anpackens. Noch sind sie fern von der moralischen Verlotterung jener närrischen Seldwyler Glücksritter und Lotteriespekulanten, sie haben noch festen Boden unter den Füßen; aber das „weithin scheinende Silbergewölk“ über den Dächern von Seldwyla, „welches lachend an ihren Bergen hinschwebte“ (6), erscheint wie ein höhnisches Voraussignal an ihrem Horizont. Noch haben sie den Pflug wie ihr Leben fest in der Hand, aber die „verdeckte Unordnung“,[55] die sich in dem Imbißgespräch auf dem Feld andeutet, wird bald in ihnen hervorbrechen.

Die Magie der Ackerfurche

Das Auf- und Absteigen der Pflüger über die Anhöhe war der Sicherheit von Gestirnenbahnen gleichgesetzt. Wie ein weiteres Sternbild, ein Mittagsgestirn, kommt nun das Wägelchen mit den Kindern über den Hügelkamm hinaufgezogen.

Auch die Bahn der Kinder scheint vorgezeichnet im Kosmos des bäuerlichen Lebens, aber auch sie werden aus der Bahn geworfen werden.

Es gehörte zum Ehrenkodex des wohlhabenden Bauern, daß er seine Kinder nicht schon in deren frühem Lebensalter zur Arbeitsleistung aufs Feld zu schicken genötigt war. (Daß Manz einige Jahre später nach dem Erwerb des Brachackers seinen Sohn Sali dort Unkraut ausreuten läßt, ist eine auffällige „Änderung in seinem Wesen" (15)). Die Kinder haben noch Schonzeit. Die Fahrt mit dem Imbißwägelchen ist eine erste, noch spielerische Hilfeleistung, in der sich bereits das künftige Einlernen in Haus- und Hofarbeit und das allmähliche Nachrücken einer neuen Hoferbengeneration voranküindigt. Dieses langwellige Auf- und Absteigen in den alten Bauernfamilien spiegelt die Naturhaftigkeit bäuerlicher Lebensformen. Um so naturwidriger erscheint später das Durchbrechen dieser Ordnung.

Das schmucke Kinderwägelchen, „ein kleines artiges Fuhrwerklein, grünbemalt" (4), ist mitsamt seiner appetitlichen Fracht Ausweis eines ordentlich und reinlich geführten Haus- und Küchenwesens. Ein harter Kontrast zu dieser Reinlichkeit ist die „nackte Puppe mit nur einem Bein und einem verschmierten Gesicht" (5), die die Kinder am Weg aufgelesen haben. Sie wird im folgenden eine numinose, fetischhafte Bedeutung gewinnen als „Zauberfrau" und „weissagendes Haupt" (10).

Bei Keller sind Kinderspiele von Magie bestimmt. Das Meretlein im *Grünen Heinrich* sucht sich ihr Zauberversteck im Bohnenacker, wo sie einen Kindsschädel vergräbt und sich „ein Grüblein in den Erdboden hineingewühlet hat, als ob sie hineinschlüpfen wollen"[56]. Der Grüne Heinrich selbst verfällt als Knabe einem eigentümlichen Kult des Tötens und Begrabens von Tieren, wobei auch eine Puppe Verwendung findet, der „Schlangen sorgsam um die Glieder gelegt werden."[57] Keller sah in solchen Handlungen eine unbewußte Antizipation von Schicksal.

> „Wenn ich nicht überzeugt wäre, daß die Kindheit schon ein Vorspiel des ganzen Lebens und bis zu ihrem Abschlusse schon die Hauptzüge der menschlichen Zerwürfnisse im kleinen abspiegele, so daß später nur wenige Erlebnisse vorkommen mögen, deren Umriß nicht wie ein Traum schon in unserem Wissen vorhanden, ..., so würde ich mich nicht so weitläufig mit den kleinen Dingen jener Zeit beschäftigen."[58]

Etwas traumhaft Vorausdeutendes hat auch der Spielplatz von Vreni und Sali, der Brachacker, der dem Heimatlosen gehört. Er ist das Gegenbild jener beiden „frischduftenden braunen" Ackerflächen, die ihn von beiden Seiten einfassen, er ist verwildert, „mit Steinen und hohem Unkraut bedeckt" (3). Auf den Zusammenhang von „Verwilderung" mit Vitalität und elementarer Kraft weist Gilbert hin.[59] Das Naturhaft-Elementare dieses Bereiches erscheint hier jedoch ambivalent; einerseits ist es Kindheitsparadies, andererseits Chaos, Wildnis, Zerfall. Mit seinen Unkräutern, Stauden und Steinhaufen bildet es eine „merkwürdige Wildnis" (88).

Keller verwendet den Schauplatz dreimal, jeweils an den bedeutsamen Schicksalspunkten der Handlung. Das Kindheitsparadies wird in der Mitte der Erzählung als sonnenbeglänztes Kornfeld zum Ort der ersten Begegnung für die beiden Liebenden, gleichzeitig aber zum Ort des Verhängnisses, an dem Sali die Gewalttat an dem alten Marti verübt. Am Schluß hat sich die Stätte verwandelt zu einer shakespearehaften Traumszenerie voller Mondlicht und Nebel, in deren entrückter Stille die Liebenden sich ihr Ehe- und Todesversprechen geben.

Wie der Schauplatz, so wiederholt sich auch die Motivkette der Spielhandlungen auf dem Brachacker, jeweils mit gesteigerter Bedeutsamkeit: Das Mädchen schmückt ihre Puppe mit Kräutern und Blumen, eine rote Mohnblume „wurde ihr als Haube über den Kopf gezogen" (8). – Voller Mohnblumen ist der Acker, auf dem sich die Kinder als Liebende wiederbegegnen; Vreni setzt sich dabei einen Kranz von Mohnblumen auf den Kopf (44). – Die Kinder saßen im Schatten der Unkräuter, sie „schliefen ein in der hellen Mittagssonne" (11). – Die Herangewachsenen wiederum bauten sich „einen engen Kerker aus goldenen Ähren, die ihnen über den Kopf ragten, als sie drinsaßen, so daß sie nur den tiefblauen Himmel über sich sahen" (45). – Das kindliche Spiel des Zähnchenzählens (6) wiederholt sich als zärtliche Erinnerungsgeste (44), ebenso das Hand-in-Hand-Gehen über den Acker (8/44). Leitmotivisch wiederholen sich Sachattribute und Farben (Rot und Gold), Steine, Kräuter, Insektenflug, Fluß, Hügelkamm und Himmel, ja auch der Vergleich mit den Gestirnen wird wiederverwendet: „Sie legten zwei- und dreimal den Hin- und Herweg zurück, still, glückselig und ruhig, so daß dies Paar nun auch einem Sternbilde glich" (40). Die Steinpyramide schließlich des Puppengrabes hat sich später verwandelt in jenes Zwietrachtsymbol des Steinhaufens, feuerrot überwachsen von Mohnblumen – Blocksberg und Rednerkanzel des schwarzen Geigers (41).

In eine unheimliche Dimension ragt das Motiv des Steinwurfs. Der siebenjährige Sali wirft, um das Mädchen zu necken, einen Stein nach dem geschmückten Puppenhaupt. Dreizehn Jahre später schlägt er an der gleichen Stelle mit einem Stein des gleichen Ackers den alten Marti nieder, „halb in Angst um Vrenchen, halb im Jähzorn" (47) (vgl. 2.2: „Der Steinhaufen").

Kellers Hinwendung zu den Lehren Feuerbachs (1849) bedeutete offenbar keine Wendung zur Irreligiosität. Jene frühkindliche Fähigkeit zur Mythenbildung, von der er im *Grünen Heinrich* unter dem Titel „Erste Theologie" berichtet,[60] hat er „in religiösen Bildern und Denkmodellen in seine Dichtung eingebracht."[61] Das Vergraben des Puppenkopfes auf dem Acker, „der von Anfang an dem Tode zugewiesen ist"[62], mutet wie ein heidnisches Totenopfer an (s. a. 4.3).

a Die Todessymbolik des Brachackers bezeichnet zunächst nur ein soziales Absterben. Über der lebend begrabenen Fliege des Puppenhauptes erhebt sich ein Steingrab, später häufen sich hier alle Steine des Brachackers zu einer „gewaltigen Pyramide" (16). In ihr symbolisiert sich das Scheitern der beiden Bauern.

Fritz Mautner nennt Keller einen „Mystiker ohne Gott"[63]. Der Brachacker erweist sich als ein Ort mystischer Schicksalsprophetie.

b Jene andere Symbolik des Grundstückes dagegen, die des Kindheitsparadieses, begegnet uns am Schluß der Novelle in einer märchenhaft verwandelten Gestalt. Es ist jenes merkwürdige letzte Gasthaus, in das Sali und Vreni einkehren und das den bedeutsamen Namen „Paradiesgärtlein" trägt. Gerhard Kaiser hat auf Anklänge an die Idee vom „himmlischen Jerusalem"[64] hingewiesen, Wiesmann sieht im Paradiesgärtlein eine „heidnische Dionysossymbolik"[65] ausgedrückt. Der Agnostiker Keller hat hier einen eigenen Jenseitsmythos entworfen, mit humorig wirkenden trivialen Motiven durchsäuert, aber auf magische Weise über den realen Erzählvorgang hinausgehoben. In diesem Tanzlokal für die unteren Stände wird auf märchenhafte Weise der

Brachacker wieder lebendig, das Kindheitsparadies wird gleichsam transzendiert. Eine merkwürdige Tanzgesellschaft bewegt sich da träumerisch im dämmerigen Mondlicht umeinander. (Nach einem alten Aberglauben deutet Tanzen im Mondlicht auf einen baldigen Tod.) Drei Figuren unter den Tänzern fallen besonders auf: ein Mann und zwei Frauen. Sie gehören zu den Heimatlosen um den schwarzen Geiger, der ihnen zum Tanz aufspielt. Zu arm für brauchgemäßen Festschmuck, haben sie sich mit Blättern und Früchten der herbstlichen Natur geschmückt: Der junge Mann trägt zur grünen Manchesterjacke einen Strohhut, „um den er einen Kranz von Ebereschen oder Vogelbeerbüschen gebunden hat" (77). Seine Partnerin, eine „wilde Person", hat sich „einen Reifen von Rebenschossen um den Kopf gebunden, so daß an jeder Schläfe eine blaue Traube hing", ihr Rock war „von kirschrotem, weißgetüpfeltem Kattun" (77). Besonders auffällig ist ein Mädchen, das sich selbstvergessen ohne Partner um sich selbst dreht. Zu ihrem „schwarzseidenen, abgeschossenen Kleid" trägt sie ein „weißes Tuch über dem Kopf, daß der Zipfel über den Rücken fiel ... Darunter leuchteten aber ein Paar veilchenblaue Augen hervor. Um den Hals und auf der Brust hing eine sechsfache Kette von Vogelbeeren" (77).

In Farben, Figuren und Materialien wird die Szenerie des Brachackers wieder heraufbeschworen, jene „grüne Wildnis" mit dem Rot ihrer Klatschrosen, dem Grün der Kräuter, dem Blau der Insekten (10), dem Gelb des Getreides. Diese Farben sind es, die sich nach der Musik des schwarzen Geigers, des Ackerherren, umeinanderdrehen. Auch das Weiß der Bauernmützen taucht wieder auf: in der Form eines weißen Kopftuchzipfels. Der Puppengürtel „von kleinen roten Beeren" (8) findet sich wieder in dem Vogelbeergebinde der einsamen Tänzerin.[66]

Hier ist eine anmutig-sinnliche Travestie des christlichen Jenseitshimmels gestaltet, ähnlich dem Tanzlegendchen, dessen Konzept Keller zur gleichen Zeit bereits „ausgeheckt" hatte. Wie die Heilige Musa träumt Vrenchen vom Tanzen.[67] Eine Art unbewußter Tanzbewegung war es schon, als das Kind Hand in Hand mit ihrem Gespielen „sich daran belustigt" hatte, „die verschlungenen Hände über die hohen Distelstauden schwingen zu lassen" (8). Im Paradiesgärtlein ist dieses Glücksgefühl eines vollkommenen leiblich-seelischen Einklangs ins Erotische, Triebhafte gesteigert. Vreni „glühte wie eine Purpurrose" (78), während sie tanzte. Der Tanz setzt sich fort in dem dionysischen nächtlichen Zug mit den Heimatlosen über den Brachacker. Damit schließt sich der Ring der Erzählung. Wie ein Tanz mutet auch der leichte Lauf des Mädchens zum Flußufer an, „leicht wie ein Vogel über das Feld, ..., wie ein Kind, das sich nicht fangen lassen will" (86). Mit einem Kinderspiel begann die Erzählung, wie im Spiel endet sie. Es ist, als habe der Acker mit zwingender Magie Leben und Ende der Kinder vorausbestimmt.

Der Landraub

An der Figur des schwarzen Geigers entzündet sich der Streit der Interpreten. Einen „Bruder des Gevatters Tod" nennt ihn Wiesmann.[68] Wildbolz dagegen sieht in ihm „nichts von außermenschlicher Bezogenheit ..., lediglich eine Außenzone des Menschlichen, nämlich des Daseins außerhalb der bürgerlichen Gesellschaft, die ihn verstoßen hat"[69].

Der Gegensatz ist auflösbar. Kellers „exakte Phantasie, die im Sinne der Wirklichkeit phantasiert" (Ricarda Huch), beläßt auch einer ins Dämonische reichenden Symbolfigur ihr soziales Schicksal, mit dem sie in die konkreten Beziehungen ihres Zeitalters eingebunden ist. (Dieser soziale Realismus unterscheidet Keller von der verklärten Dorfgeschichten-Idyllik eines Berthold Auerbach.)

Das soziale Schicksal des schwarzen Geigers ist das Thema des Gespräches der beiden Bauern auf dem Acker. Aus wortkargen Andeutungen, mit denen einer den anderen aus seiner Reserve zu locken versucht, entsteht das Bild einer für die Mitte des 19. Jahrhunderts typischen sozialen Verelendung.

Die schweizerische Dorfgemeinde hatte eine beträchtliche Autonomie; Theodor Mügge sprach in seinem Reisebuch von 1847 geradezu von einem kleinen Staat im Staate.[70] Die Gemeindeversammlung war befugt, einem Einwohner das Bürgerrecht zuzusprechen oder abzuerkennen. Wer nicht im Bürgerbuch einer Gemeinde eingetragen war, besaß kein Heimatrecht. „Hieran knüpft sich ein trauriger, fürchterlicher Zustand, der zu den größten Grausamkeiten und Abscheulichkeiten schon Anlaß gegeben hat",[71] sagt Mügge. Durch die Schuld seiner Vorfahren, die ihr Gemeinderecht offenbar durch eine vagabundierende Lebensweise verscherzt hatten, gehört der schwarze Geiger zu den Heimatlosen. Der kleine Rest von Grundbesitz aber, der ihm durch das Erbrecht am Brachacker gehört, müßte ihm das Bürgerrecht wiederverschaffen. Die Anerkennung seines Rechtstitels wäre gleichzeitig der Beleg für seine Abstammung von gemeindebürgerlichen Eltern. Für ihn steht mehr auf dem Spiel als ein Vermögensvorteil, es geht um sein bürgerliches Existenzrecht, denn als Heimatloser ist er weder Kantonsbürger noch Eidgenosse. Die Bauern könnten seine Abstammung bezeugen, aber „da könnte man eine schöne Geschichte anrichten!" sagt Manz (7). Die Sozialleistungen für die Gemeindearmen trägt die Dorfgemeinschaft, dem Heimatlosen ist sie nichts schuldig. Manz und Marti haben damit einen „uneigennützigen" Grund für ihren Eigennutz: Sie müssen verhindern, daß der asoziale Vagabund der Gemeindekasse zur Last fällt. „Wie in aller Welt können wir wissen, daß er des Trompeters Sohnessohn ist?" (7) In zynischer Weise, ja mit höhnischer Genugtuung machen sich die Bauern bewußt, daß der schwarze Geiger ungetauft ist. Damit kann er seine Rechte auch nicht durch das Kirchenbuch nachweisen. „Sollen wir unsern Taufstein tragbar machen und in den Wäldern herumtragen? Nein, er steht fest in der Kirche, und dafür ist die Totenbahre tragbar" (7). Hier entlarvt sich derbe bäuerliche Bigotterie. Die Kritik des Erzählers an dem gotteslästerlichen Wortspiel mit Taufe und Tod wurzelt in seiner Wendung zur Philosophie Ludwig Feuerbachs.

Im Winter 1848/49 hörte Gottfried Keller in Heidelberg Feuerbachs religionsphilosophische Vorlesungen. Aus der gleichen Zeit (Januar 1849) stammt das Versfragment des epischen Gedichtes von den *Drei Äckern* (s. Materialien 3), der ersten Vorform unserer Novelle. In Kellers Brief an Baumgartner vom 28. Januar 1849 heißt es:

> „Für mich ist die Hauptfrage die: Wird die Welt, wird das Leben prosaischer und gemeiner nach Feuerbach? Bis jetzt muß ich des bestimmtesten antworten: Nein! im Gegenteil, es wird alles klarer, strenger, aber auch glühender, sinnlicher."[72]

Das geht zurück auf Feuerbachs These:

> „Die Verneinung des Jenseits hat die Bejahung des Diesseits zur Folge."[73]

Feuerbach wandte sich gegen einen „müßigen, tatlosen Glauben“:

„Wir müssen an die Stelle der Gottesliebe die Menschenliebe als die einzige wahre Religion setzen.“[74]

Dies hat den philosophisch suchenden Keller der Heidelberger Zeit zutiefst beeindruckt. Die beiden Bauern Manz und Marti dokumentieren mit ihrer ihnen sicher nur dumpf bewußten Gotteslästerlichkeit die „Müßigkeit und Tatlosigkeit“ ihres Christenglaubens. Unter ihrer bäuerlichen Filzigkeit, hinter dem schlauen Spiel mit scheinmoralischen Gründen kommen dennoch moralische Bedenken zum Ausdruck, eine Regung von Gewissen. Sie müssen einander zur Lüge regelrecht überreden. „Wenn ich den schwarzen Geiger ansehe, der sich bald bei den Heimatlosen aufhält, bald in den Dörfern zum Tanz aufspielt, so möchte ich drauf schwören, daß er ein Enkel des Trompeters ist, der freilich nicht weiß, daß er noch einen Acker hat. Was täte er aber damit? Einen Monat lang sich besaufen und dann nach wie vor! Zudem, wer dürfte da einen Wink geben, da man es doch nicht sicher wissen kann!“ (7)

Das betäubte Unrechtsbewußtsein regt sich später, es beginnt, „seine Folgen ruhig zu entfalten“ (15). Den Bauern Manz plagen „Tagträume, welche aus dem Gewissen kamen“ (34).

Feuerbach bestimmte das Gewissen als eine Art kollektiver Verantwortung für die Gattung:

„Der Andere ist der Repräsentant der Gattung, auch wenn er nur Einer ist ... Der Andere ist mein gegenständliches Gewissen: er macht mir meine Fehler zum Vorwurf, auch wenn er sie mir nicht ausdrücklich sagt: er ist mein personifiziertes Schamgefühl.“[75]

Nicht in Worten, aber in Gesten kommt das „personifizierte Schamgefühl“ der Bauern zur Geltung. Schon beim ersten Hineinpflügen in den fremden Acker vollzieht sich an ihnen eine entfremdende Verwandlung. Die „sicheren, wohlbesorgten Bauersleute“ geraten regelrecht aus dem Gleis.

„‚Wir sind ja fertig‘, sagte der Knecht. ‚Halt's Maul und tu, wie ich dir sage!‘ der Meister“ (11). Der zuvor ruhige, gemessene Arbeitsrhythmus der Bauern kommt jetzt ganz aus dem Takt. Ihre Sorgsamkeit ist dahin, sie tun „die Sache nur aus dem Gröbsten“ (11).

Eine Gegenüberstellung von Zitaten mag die Entfremdung verdeutlichen:

3/4	11/12
Sie *bemaßen* die Furche.	Sie *rissen* eine Furche in den Acker hinein. Er *schnitt* eine ansehnliche Furche vom mittlern Acker, daß die Schollen nur so zur Seite *flogen.*
Sie *warfen* die Steine beiseite *mit lässig kräftigem Schwunge.*	... Kraut und Steine *flogen* ...
Langsam setzten sie einen Fuß vor den andern.	So ging es *rasch* die Höhe empor.
Still und *langsam* entfernten sie sich *mählich* voneinander.	
So pflügten beide *ruhevoll.*	

Die Gegensätzlichkeit in den Verben und Adverbien der Bewegung ist aufschlußreich. Ruhe und Sicherheit weichen einer unsicheren Gehetztheit. Auch die Verstohlenheit, mit der sich die Bauern aneinander vorbeibewegen, offenbart ihr schlechtes Gewissen: „Jeder sah wohl, was der andere tat, aber keiner schien es zu sehen" (12). Mit dem Übergriff auf das fremde Eigentum sind sie sich selbst fremd geworden.

2.2 Die Peripetie

Der Streit auf der Brücke
Der Streit am Fluß (30–33) ist eine Dramenszene von shakespearescher Leidenschaft. Zwei „Mehrer ihres Reiches", die „sich auffressen wie zwei wilde Tiere" (79), treffen aufeinander, Gestalten wie aus Shakespeares Königsdramen in bäuerlichem Gewand. Die Beschimpfungen zur Eröffnung des Kampfes („Lumpenhund", „Schelm", „Galgenhund") erinnern an den Zweikampf Macbeth/Macduff (V, 7: „Höllenhund", „Schurke", „Memme", „Ungeheuer"). Zu den finsteren Verfluchungen stimmt die Szenerie: Ein aufziehendes Gewitter, das laute Rauschen des Was-

sers, das die beiden Streithähne mit ihrem Geschrei zu übertönen versuchen, dazu der „verwilderte" Aufzug der Männer in der „dunklen, melancholischen Wassergegend" (31), die bleichen, zitternden Gesichter und schließlich der „Wolkenriß, der den grellen Abendschein durchließ" (32), in dessen blitzendem Licht sich, mitten im Streit der Alten, Sali und Vreni ihrer Liebe gewiß werden – das steht mit seiner Spannung, Steigerung, Aufgipfelung und unvermuteten Auflösung im Kontrast zu dem sonst so ruhigen epischen Erzählfluß der Novelle.

Die Szene war bereits antizipiert in der Traumvision von den „zwei Verdammten", welche, „auf einem schmalen Brette einen dunklen Strom hinabtreibend, sich befehden, in die Luft hauen und sich selber anpacken und vernichten" (17). Hier enthüllt sich auch die symbolische Bedeutung des Streites, seine tragische Sinnlosigkeit, einer Tartarusstrafe ähnlich. Die beiden Bauern sind von ihrem festen Ackergrund aufs Wasser geraten, das unsichere, fließende Element, sie haben ihre Existenz verloren. (Auch Vreni und Sali, ihre Kinder, werden am Ende aufs Wasser geraten, das sie aus der Welt herausträgt.) Beziehungen zur Hades-Mythologie werden deutlich: Manz „eilte stromaufwärts gleich einem eigensinnigen Schatten der Unterwelt, der sich zu seiner Verdammnis ein bequemes einsames Plätzchen sucht an den dunklen Wässern" (29).

Die Kontrastszene zu dem Streit ist der Erzählanfang. Das „stille und langsame" Aneinander-vorüber-Ziehen der Pflüger, ihre freundliche Begrüßung über den trennenden Acker hinweg, ihre Begegnung zum gemeinsamen Mahl „im Schatten eines jungen Lindengebüsches" (5), dieses Idealbild friedlicher Nachbarschaftlichkeit ist in sein genaues Negativbild umgekehrt: Sie springen jetzt „grimmig", „wie Tiger" an den beiden Ufern des Baches nebeneinander her, ihre Begrüßung ist wütendes Geschrei, und sie suchen einen Begegnungspunkt, um sich zu prügeln (30). Ihre Wut entspringt aber auch der Scham über ihre Deklassierung, die sie nicht mehr voreinander verbergen können. Das Angelngehen galt als schimpfliche Beschäftigung der Verarmten, ein Zeichen des Hungers und des erzwungenen Müßigganges.[76] Es war „die Hauptbeschäftigung der Seldwyler, nachdem sie falliert hatten" (28). Es sind lebensuntüchtige Gescheiterte und Narren, die in abenteuerlicher Gewandung mit ihrer

Angelrute am Flußufer stehen, „regungslos gleich einer Galerie von Heiligen" (29). Das geregelte bürgerliche Arbeits- und Handelsleben fließt an ihnen vorüber mit Wagen, Landleuten und Schiffen, sie stehen jenseits davon, lebendig Gestorbene (s. S. 56ff. dieser Arbeit).

Manz' und Martis „verkehrte Wasserpfuscherei" (37) ist etwas ihrem ursprünglichen Wesen völlig Fremdes. Es ist Glücksspiel, ein unsicheres Geschäft im unsicheren Element. Zu Glücksfischern waren sie aber schon geworden, als sie sich von gewissenlosen Seldwyler Advokaten und Spekulanten unsichere Prozeßhändel und Lotterielose hatten aufschwatzen lassen (18), anstatt in Aussaat und Ernte weiterhin ihren sicheren Gewinn zu suchen.

„Die Furcht, ein gemeines, untätiges und verdorbenes Subjekt zu werden"[77], verfolgte den jungen Gottfried Keller, der in Gefahr war, sein Leben in bohemienhafter Lotterei zu verlieren. „Der Verlust der eigenen Mitte ist bei Keller stets unter das Zeichen des Traums, der Nichtwirklichkeit gestellt", sagt Wiesmann.[78] In einer alptraumhaften Schreckensvision vollzieht sich dieser Selbstverlust an zwei gestandenen, einst ehrenwerten Männern in der Streitszene auf der Brücke. Aus ihrer sicheren Existenz sind sie in eine Traumsphäre voller Eigensinn und Rechthaberei hinübergeglitten, die sich als „Phantasterei und fauler Zauber"[79] erwies.

Der verwilderte Hof

Die Novelle gipfelt sich nach der Stegszene zunächst noch höher dramatisch auf. Der Steinschlag, mit dem Sali Vrenchens Vater zwar nicht erschlägt, aber „zeitlebens elend macht" (79), markiert den Umschlagpunkt von der Tragödie der Väter zur Tragödie der Kinder. „Es ist ewig aus", sagt Vreni, „wir können nicht zusammenkommen!" (48) Das Gewissen als „personifiziertes Schamgefühl" (Feuerbach) ist in den Kindern deutlicher und bewußter ausgeprägt als in den Vätern.

In den Vätern manifestiert sich die Schuld dumpfer und unbewußter. Sie widerspiegelt sich in äußerer Verwahrlosung. Der ordentliche Bauersmann Marti mit dem „wohlrasierten Gesicht" (3) begegnet uns jetzt „wild und liederlich". Sein „grau gewordener Bart war seit Wochen nicht geschoren" (35). Ein starkes Symptom seines Verfalls ist auch die Verkommenheit von Acker und

Hofstatt. Was „einst so schön in gleichmäßigem Korne gewogt", ist jetzt zu einer „Wüstenei" geworden (36), voller Steine und Unkraut. Der Brachacker hat die „frischduftende braune Fläche" (11) überwuchert.

Die Parallelität der Lebensschicksale Manz' und Martis zeigt sich im Zustand ihrer Häuser. Manz sitzt jetzt in einem „Spelunkelein" (24) voller „Schmutz und Kehricht" (25) wie in einer dunklen, lichtlosen „Räuberhöhle". Marti hat noch seine Hofstatt, aber sie sieht nicht besser aus. In ihrer Verwahrlosung ist sie ein „Sinnbild der Faulheit" (37).

Wieder zeigt sich ein Zusammenhang zwischen Ordnungsverfall und Tod. „Nur der Brunnen war noch etwas Lebendiges" (37). Kellers „währschafte Menschen" (Hanna Wildbolz) setzen sich allen todesträchtigen anarchischen Anwandlungen mit ihrer beruflichen und menschlichen Tüchtigkeit ordnungsstiftend entgegen. Vor allem Sache der Bauern ist es, der wilden, elementaren Landschaftsnatur (dem „Brachacker") in täglicher geregelter Arbeit ein Stück Kultur abzutrotzen. Manz und Marti aber lassen ihre Arbeit fallen, sie werden zu Prozeßläufern, ihre Äcker und Häuser, ihr Haus- und Arbeitsgerät verkommen, sie selbst werden halt- und wesenlos, „Schatten der Unterwelt" (29).

Boeschenstein[80] weist darauf hin, daß Keller mit seinem bürgerlichen Weltbild in der volkserzieherischen Tradition von Pestalozzi und Zschokke steht. Die Verelendung der Bauern resultiert nicht aus sozialökonomischen Zwangsläufigkeiten. Die beiden Höfe waren eine gesunde, sichere Gegenwelt zur windigen Existenz der Falliten von Seldwyla; die Bauern fallen diesem Seldwyla durch eigene Schuld zum Opfer, durch eine Art moralischen Selbstverrats. Ihr sozialer Untergang ist Folge eines „unscheinbaren Mißgriffs" (79), der sie aus der Bahn geworfen hat, so daß ihr weiteres Leben zu einer Kette von exzentrischen Verirrungen, zu lauter unvernünftigen Abweichungen von der natürlichen Mitte bürgerlich-bäuerlicher Lebensordnungen entartet.

Keller ist bei allem Realismus in der Darstellung sozialer Verhältnisse eigentlich immer mehr Sozialethiker als Sozialkritiker.[81] „Es ist für Keller die unverzichtbare Überzeugung, daß Unglück fast stets aus sittlichem Verschulden hervorwachse."[82] Die Verkommenheit des Hofes ist mehr ein Zeichen von Schuldhaftigkeit als von pekuniärer Verschuldung. Dem Marti war es einfach

„langweilig" geworden, auf dem Feld zu arbeiten, seine wenigen Äcker bebaute er nur noch „liederlich oder gar nicht" (29). Er sieht aus wie ein „recht böser, verlorener Bauersmann, der sein Feld verscherzt hat" (35). Als Sali mit Entsetzen die Verwahrlosung des Hauses sieht, ist der Bauer bezeichnenderweise gerade wieder in Prozeßangelegenheiten in der Stadt. Der Zusammenhang zwischen verfehlter Lebensführung und verpfuschter Existenz wird deutlich.

Martis Haus aber, wenn auch verwahrlost, ist immerhin noch ein Haus auf dörflichem Grund. Marti ist im Gegensatz zu Manz noch Ackerbürger, er bleibt Gemeindemitglied, solange er das Haus halten kann. Davon hängt auch das Lebensglück seiner Tochter ab, denn als Heimat- und Besitzlose wird sie unter die „Bestimmungen über Ehebeschränkungen"[83] fallen, die im Kanton Zürich erst mit der Verkündung der Bundesverfassung von 1874 aufgehoben wurden.[84] Nach diesen Bestimmungen durften „Personen, von denen angenommen werden konnte, daß sie nicht imstande sein würden, ihre Familie zu ernähren" (nach Baltensberger), aufgrund eines Einspruches ihrer Heimatgemeinde keine Ehe schließen, wenn zu befürchten war, daß die neue Familie der Armenpflege zur Last fallen würde.

Das Motiv „Haus und Garten" zieht sich durch die Novelle hindurch. Es hat u.a. eine soziale Bedeutung. Der Verlust von Haus und Hof bedeutet Verlust von sozialer Gemeinschaft. An der kümmerlichen Restexistenz des alten Marti, seinem Haus, hängt für die Kinder ein Rest von bürgerlicher Glückserwartung. Darum sieht Sali den Marti im Vorübergehen „voll Furcht und Scheu an, als ob sein Leben in dessen Hand stände und er es lieber von ihm erflehen als ertrotzen möchte" (35).

Der Steinhaufen

Das Motiv „Steine" wiederholt sich in auffälliger Fülle bis zum Steinschlag gegen Marti, dem Wendepunkt der Erzählung. Später wird es nur noch einmal am Schluß der Erzählung aufgenommen, als „Blocksberg", damit hinweisend auf seine satanische Symbolbedeutung.

Der mittlere Acker ist der „mit Steinen und hohem Unkraut" (3), „mit Kräutern, Stauden und Steinhaufen" (8) bedeckte. Alle Steine von den angrenzenden Äckern werden auf ihm abgeladen, er wird immer wertloser und unfruchtbarer. Die Steine türmen sich, sie „wurden immer mehr zusammengedrängt und bildeten schon einen ordentlichen Grat auf der ganzen Länge des Ackers" (12), „alle Steine der Welt schienen da beisammen zu sein" (16). Die Kinder spielen „auf dem wilden Steinkamm" (12), wo sie früher zwischen den Steinen gewandert waren. Wo früher ein kleiner Steinhaufen, das Puppengrab, gestanden hat, baut später Manz seine gewaltige Steinpyramide „aus all den Steinen, welche die beiden Männer seit unvordenklichen Zeiten herübergeworfen" (16), ein „Denkmal von Steinen" (17), „Grundstein einer verworrenen Geschichte und Lebensweise" (18). Der Acker scheint geradezu „gesteinigt" zu sein, alle Steine des Vorwurfs gegen den schwarzen Geiger und seine Sippe ruhen auf ihm.

Seine dämonische Bedeutung erweist dieser Steinhaufen, als der „zu einem hübschen und kräftigen jungen Burschen" (21) herangewachsene Sali seiner Jugendgespielin, einem jetzt „schlankgewachsenen, ziervollen Mädchen" (20), auf dem Ackerhügel wiederbegegnet. Das Glücksgefühl seiner Kindheit überfällt ihn aufs neue. Die Schönheit der Anhöhe zeigt sich in aller sommerlichen Pracht, der „glänzend blaue Fluß" wallt vorüber, die „stille Julisonne scheint", „weiße Wolken ziehen über das reife wallende Kornfeld" (31).

Die Liebenden gehen, wie einst die Kinder, „Hand in Hand in das flüsternde Korn entlang" (40), mit der gleichen sternbildhaften Sicherheit wie einst ihre Väter, die Pflüger. „Da sahen sie plötzlich einen andern dunklen Stern vor sich hergehen" (40).

Der schwarze Geiger hat die Züge einer Teufelsfigur. Er läßt sich vergleichen mit der Gestalt des „Grünen" in Gotthelfs *Schwarzer Spinne.*[85] Seine „schreckbare Nase" ragt „wie ein großes Winkelmaß aus dem Gesicht", sein Mund ist ein „kleines rundes Löchelchen, aus dem es unaufhörlich pustete, pfiff und zischte" (41) (der „Grüne": „gebogene Nase, zugespitztes Kinn, ein Mund wie eine Höhle unter überhängendem Gestein"). Im Gegensatz zu Gotthelfs Sichtweise aber wird die Figur gleich wieder ins Realistische entdämonisiert: Die Schwärze des Mannes ist ganz alltäglich zu erklären aus seiner Tätigkeit als Kohlenbrenner und Pechsieder. Die Kinder der Bauern folgen ihm ohne Angst. Keller, der poetische Realist, siedelt auch seine Mythen in der sozialen Wirklichkeit an (vgl. S. 59f. dieser Arbeit).

Der schwarze Geiger führt nun die Liebenden bis zu dem verhängnisvollen Steinhaufen, der unterdessen ganz vom Rot der Mohnblumen überwuchert ist,[86] „eine rotbekleidete Steinmasse" (41). Die Szene erhält etwas Überwirkliches, bleibt aber immer im rational Erklärbaren. Der Heimatlose hält den Kindern seiner Peiniger eine Teufelspredigt von der höllisch rot überwucherten Steinkanzel herab. Mit dem blitzschnell „im Zickzack" umherspringenden Weiß seiner Augen, dem pechschwarzen Haar, seinem kleinen Filzhütchen und dem ungeschorenen schwarzen Bart (41) schwankt seine Erscheinung zwischen einer Märchenfigur und einem skurrilen sozialen Außenseiter. Die Kinder „sehen verlegen zu dem Burschen hinauf" (41), aber offenbar ohne Furcht. Er gehört trotz aller Fremdheit zu ihrer dörflichen Welt, zu dem Außenkreis der Haus- und Heimatlosen, dem Sali und Vreni jetzt nicht mehr fernstehen, in den sie bald selbst eintreten werden (vgl. 3.3). Der schwarze Geiger prophezeit ihnen dieses Schicksal: „Ich will euch geigen, wenn ihr tanzen wollt" (42), und er wird diese Prophezeiung schon bald erfüllen.

„Als er verschwunden war, ließ sich das Paar ganz mutlos und betrübt auf die Steine nieder" (42).

Das Dingsymbol Stein mit seinen vielfachen Anklängen an Unfruchtbarkeit, Wildnis, Tod und Grab[87] enthüllt jetzt seine ganze zerstörerische Bedeutung: „Sali raffte einen Stein auf und schlug mit demselben dem Alten gegen den Kopf" (47), als er sah, wie Marti sein Mädchen mißhandelte. Dieser Schlag bringt den blödsinnig Gewordenen in sein „lebendiges Begräbnis" (50), ins Irrenhaus, wo er genauso bürgerlich tot ist wie Manz in seiner Spelunke. Dabei haben aber die durch eigene Schuld aufgehäuften Steine die Bauern schon lange zuvor um ihren Verstand und ihre bürgerliche Existenz gebracht. In Shakespeares Drama gibt es einen ähnlichen Umschlagpunkt: Die Tötung Tybalts durch Romeo und die daraus folgende Verbannung Romeos aus Verona besiegelt hier das Schicksal der Liebenden. Das Motiv ist aber von Keller bedeutsam abgewandelt. Die Blutschuld Romeos wird allen offenbar, Salis Schuld kommt infolge der Verschwiegenheit Vrenis gar nicht ans Licht. Trotzdem können sie nun ewig „nicht zusammenkommen" (48).

Das Motiv der aristokratischen Familienfehde bei Shakespeare hat Keller ganz ins Innerliche, Moralische, damit ins Bürgerliche gewendet. „Ich kann dich nie bekommen, auch wenn alles andere nicht wäre, bloß weil du meinen Vater geschlagen und um den Verstand gebracht hast! Dies würde immer ein schlechter Grundstein unserer Ehe sein" (52), sagt Vreni.

Vreni mit ihrem lebenspraktischen Realismus sieht aber nicht nur die Gewissensbelastung, sondern auch „alles andere", nämlich die materiellen Folgen der Gewalttat. Sie wird ihr Vaterhaus, den letzten Anker ihres Heimat- und Gemeinderechts, verlieren. Sie sieht voraus, daß ihre Liebe kein Haus haben wird, und eine Liebe im Unbehausten ist ihr unmöglich (vgl. S. 60 dieser Arbeit).

2.3 Die zwei Schlußfassungen

Kritik der Zeitgenossen

Die Erstausgabe der Novelle von 1856 hatte eine grimmig klingende Schlußpassage.[88] Eine „Degenparade gegen die Philister" nannte Keller sie später selbst. „Reumütig" versprach er, „dieselbe wegzulassen, wenn je wieder ein Abdruck nötig würde"[89]. Der Neudruck erfolgte erst fünfzehn Jahre später in Paul Heyses *Deutschem Novellenschatz.* Keller hatte dem Herausgeber Generalvollmacht zur Verkürzung des Schlusses gegeben.[90]

Diese Verkürzung hat der Erzählung gutgetan. Sie bringt die Tendenz gegen das moralische Muckertum viel wirksamer zum Ausdruck als die etwas leitartikelhaft wirkende Erstfassung. Der Kontrast ist schneidend.

> „Der untergehende Mond, rot wie Gold, legte eine glänzende Bahn den Strom hinauf, und auf dieser kam das Schiff langsam überquer gefahren. Als es sich der Stadt näherte, glitten im Froste des Herbstmorgens zwei bleiche Gestalten, die sich fest umwanden, von der dunklen Masse herunter in die kalten Fluten."

> „... abermals ein Zeichen von der um sich greifenden Entsittlichung und Verwilderung der Leidenschaften." (87 f.)

Die engherzige, philiströse Sittenrichterei des Gazettenschreibers offenbart Selbstgerechtigkeit. Die Liebenden auf ihrer verklärten Fahrt in ein „himmlisches Jerusalem" (G. Kaiser) sind solch hohlem Moralanspruch weit entrückt.

Ein Problem aber bleibt, wie Keller den Liebestod-Schluß mit seiner moralphilosophischen Einstellung von Weltfrömmigkeit in Einklang bringen wollte. Offenbar war ihm das selbst nicht ganz geheuer. Nach dem Erscheinen des ersten Novellenbandes verrät er, daß er „Romeo und Julia beinahe weggelassen" hätte.[91] Noch in seinen späten Jahren nennt er sie „meine unglücklichen Romeo und Julie", „meine verhängnisvolle Dorfgeschichte"[92].

Der unglückliche Ausgang der Erzählung steht im Gegensatz zu Kellers pädagogischem Optimismus. Daraus ist seine distanzierte, ja lieblose Einschätzung des eigenen Werkes zu erklären, die so auffällig zu dem enthusiastischen Urteil nicht nur der Freunde Storm und Heyse kontrastiert, sondern auch der Literaturhistoriker. „Die schönste Novelle deutscher Zunge", sagt Eduard Engel,[93] „die vollendetste Leistung des Novellisten Keller", nennt sie W. Muschg,[94] von der „schönsten aller Seldwyler-Novellen" spricht L. Wiesmann.[95]

Kellers eigene Einwände kamen aus seiner Lebenseinstellung. Die Flucht in den Tod aus Liebes- und Lebensverzweiflung wird er später mit einem anderen Erzählschluß, nämlich der lebensbejahenden Wendung im Schicksal des Wenzel Strapinski in humorig versöhnlicher Weise ad absurdum führen. Was er dort der Erzählhandlung überläßt, hat er in der Erstfassung von Romeo und Julia (s. Materialien 4) einem prosaisch moralisierenden „fabula docet" anvertraut, ein Stilbruch, den Paul Heyse mit Recht korrigiert hat.

Die Tendenz dieser „schnöden, prosaisch knarrenden Schlußbetrachtung"[96] hat allerdings etwas Bekenntnishaftes. Sie markiert eine Rückwendung Kellers zu calvinistischen Wertvorstellungen kurz vor seiner Rückkehr aus Berlin in die Heimat. Sie klingen wie die einfachen, schlichten bürgerlich-mittelständischen Lebensideale, die dem Grünen Heinrich bei Antritt seiner Reise in die Fremde als gute Ratschläge auf den Weg gegeben werden: „... ein entsagendes Zusammenraffen und ein stilles Leben voll treuer Mühe und Arbeit ... verändern mit ihrem unmerklichen Einflusse die Dinge, vernichten die Vorurteile, stellen die Ehre her und erneuern das Gewissen, so daß die wahre Treue nie ohne Hoffnung ist."[97]

In gelinder Weise erneuerte sich nach dem zweiten Erscheinen der Novelle, also ohne die entschuldigende Schlußbemerkung, der Entrüstungssturm, den Goethes *Werther* hervorgerufen hatte. Mit seiner Distanzierung von dem Selbstmord hatte Keller ja eigentlich lange Jahre vorher dieser Entrüstung recht gegeben, sie aber auch wieder ins Unrecht gesetzt durch seine Ausfälle gegen die Philister.

Was damals an Engherzigkeit und Hypokrisie zutage kam, ist heute schwer begreiflich. „Den cynischen Schluß dieser Novelle tadeln wir“, schrieb ein gewisser Herr Kambli.[98] „Wozu dem Leser zumuthen sich vorzustellen, was noch vorgegangen von dem Augenblick an bis zu dem, da sie ins Wasser hinuntergleiten?“

Der dänische Kulturphilosoph Georg Brandes, der die Novelle ins Dänische übersetzt hatte, mußte entsetzt feststellen: „Ich wurde beschuldigt, die freie Liebe in Dänemark einführen zu wollen.“ Die Novelle „wurde so verschrien, daß keine Dame sie zu kaufen wagte ... Besonders stürzten sich die Rezensenten über die ‚Unsittlichkeit‘ Kellers her. Der Umstand, daß in ‚Romeo und Julia‘ die beiden jungen Menschen, nachdem sie sich ein einzigesmal umarmt haben, in ihrer Armut und Aussichtslosigkeit sich von dem Heuschiff in den kalten Fluß hinuntergleiten lassen, versetzte die Rezensenten in ein Delirium, das sich der Leserwelt mitteilte ... Die Novelle predigte obendrein die Berechtigung des Selbstmords.“[99]

So meinte Keller es ja nun gerade nicht. Die Anklage der Unsittlichkeit fand er „einfältig“.[100] Ein Verdikt gegen den Selbstmord hatte er selbst ausgesprochen. Es verurteilte das junge Paar aber nicht wegen mangelnder Moralität, sondern gerade wegen ihres allzu rigorosen, strikten, unbedingten Moralitätsanspruches an sich selbst.

Die tragische Konsequenz

Ist der Tod der Liebenden unausweichlich? „This simple tale moves to its end with all the inevitableness of high tragedy“, meint W. Silz.[101] H. Richter verneint die Tragik aus seiner marxistischen Sicht: „Mit seiner Novelle kritisiert Keller die bürgerliche Gesellschaft, in der es an echter Liebe fehlt.“[102]

Vreni und Sali sind besten Willens, die bürgerlichen Tugend- und Tüchtigkeitsnormen ihrer Zeit und Welt zu erfüllen. Auf ihre „Hochzeitswanderung“ gehen sie brauchgemäß sauber und feiertäglich gekleidet, ihr zweimaliges Einkehren in reinlichen

Wirtshäusern, „den ersten des Dorfes“, ist ein letztes Bekenntnis zur bürgerlichen Ordnung. Der Rat des schwarzen Geigers hingegen, eine Ehe ohne Pfarrer, ohne Geld, ohne „Schriften“, ohne Ehre, ohne Bett im „Haus der grünen Wälder“ (80) zu führen, wird von den Bauernkindern abgelehnt, es ist für sie nicht denkbar. „Wo es so hergeht, möchte ich nicht sein“, sagt Vreni (81). Die scherzhaft blasphemische Trauungszeremonie durch den schwarzen Geiger hat für sie keine Gültigkeit, gültig ist für sie dagegen das Treueversprechen auf dem Feld, die Verlobung mit den billigen Jahrmarktsringelchen, weil dies ein gesellschaftlich sanktionierter Brauch ist. Aber auch der Vorschlag, unabhängig voneinander in der Welt ihr „Fortkommen“ (in einem doppelten Sinne) zu suchen, was ja dem „entsagenden Zusammenraffen“ des Erstfassungsschlusses gleichkäme, wird leidenschaftlich verworfen.

Keller hält den „gebildeten Ständen“ seiner Zeit die Unfähigkeit zur „kräftigen Empfindung und Leidenschaft“ vor (s. Materialien 4). Er mag dabei an die Berliner literarischen Salons gedacht haben, an die Lewalds, Dunckers und Varnhagens, vielleicht auch an die Koketterie seiner Freundin Betty Tendering. Im „niederen Volk“ dagegen gibt es noch die „Fähigkeit des Sterbens für eine Herzenssache“ (a.a.O.).

Das „niedere Volk“ aber ist nicht nur in seiner Fähigkeit zur Leidenschaft den Gebildeten überlegen, sondern auch in seiner Sittlichkeit. Weder auf ihre Liebe noch auf ein Leben in altüberlieferter Ehrbarkeit können Vreni und Sali verzichten. Den Ausweg in den Tod betreten sie „mit Tränen der Freude“, im „Rausch der Seligkeit“, „in wilder Laune“ (86).

Vreni in ihrer ganz anmutig unbefangenen, ganz freimütig geäußerten Sinnlichkeit, die mit ihrer Innigkeit und Zartheit eigentümlich zusammenklingt, mutet an wie eine Verbindung der beiden gegensätzlichen dörflichen Frauenfiguren im *Grünen Heinrich*, Anna und Judith. In ihrem Liebesgefühl drückt sich eine ungestüme Entschiedenheit aus, sie ist „nur das eine zu fühlen fähig“ (85), sie sieht „unmittelbar Tod oder Leben“ darin (ebd.). Die „Trauung“ auf dem Feld vollzieht sich wie unter einem geheimen Zwang, „ohne den Befehl eines Willens“ (ebd.).

Das philiströse Verdikt gegen die „Entsittlichung und die Verwilderung der Leidenschaften“ trifft daher keineswegs. Der Erzählschluß hat sozialkritische Schärfe. Der moralische Schuldspruch der bürgerlichen Gesellschaft trifft zwei Menschen, die sich geradezu als Märtyrer der bürgerlichen Moral erweisen. Gerhard Kaiser nennt sie in einer Welt von Scheinfrömmigkeit „wahre Heilige, die, das Modell einer vollkommenen, frei aus sich Ordnung und Sitte des menschlichen Zusammenlebens stiftende Liebe vor sich hertragend, das wirkliche Leben hinter sich zurücklassen.“[103]

Der biographische Bezug

Keller war bekanntlich ein säumiger Ablieferer. Über die Langwierigkeit seiner literarischen Produktion mußte sich sein erster Verleger Vieweg ärgern. Keller machte sich nichts daraus. „Schon zweimal sah ich dicht vor der Nase die Leute Heu machen, sah das Korn reif werden und abschneiden, alles wuchs und war fleißig und alle Menschen rührten sich, nur ich tat seufzend gar nischt.“[104]

Um so erstaunlicher ist die schnelle, geradezu eruptive Niederschrift der ersten Seldwyler Novellen unmittelbar nach der Fertigstellung des *Grünen Heinrich* im Sommer 1855. Ackerknecht nennt es ein Wunder: „... der ganze Zug schimmernder Gestalten so gewissermaßen als Anhang zum Grünen Heinrich aus Kopf und Herzen des Dichters entlassen.“[105] Keller liefert selbst die Erklärung des Wunders: „Ich mache Sachen fertig im Gedächtnis und fabriziere mit dem größten Pläsier Dramen, Novellen, Gedichte, Aufsätze und alles mögliche, was ich alles schreiben werde, der Reihe nach.“[106] „Aushecken“ nannte er diese Art der Gedankenproduktion.[107]

Die Ausheckzeit unserer Novelle ist zu belegen: Sie betrug knapp acht Jahre seit der Tagebuchnotiz vom September 1847 und der frühen Versfassung (s. Materialien 2 u. 3). Das Frühjahr 1855 brachte nun den lange gehegten Erzählkeim zum Aufbrechen. Es war die Zeit der größten Liebesverzweiflung über die schöne, aber kokette junge Rheinländerin Betty Tendering, die Keller im Hause des Verlegers Duncker kennengelernt hatte. Sein Liebeskummer hat einen psychogrammatischen Reflex gefunden auf den beiden Schreibunterlagen des letzten Berliner Jahres. Auf einer erscheinen außer einem genauen Datumsbezug (Mai 1855) und dem immer wiederholten Namen „Betty“ die

Zeichnungen von zwei Totenfiguren mit Geige und Baßgeige. Mit ihrem „sonderlich geformten Filzhütchen“ (41) erinnert die eine von ihnen an die Todesfiguration des schwarzen Geigers, wie er den unheimlichen Hochzeits- und Todeszug über das nächtliche Feld anführt. (Auch ein Baßgeiger gehört ja zu diesem Zug.)

Adolf Muschg nennt diese Schreibunterlage „eines der erschütterndsten Dokumente erotischen Leidens.“[108] Neben dem in endlosen Kritzelgirlanden gereihten Namen „Betty“ (auf der Rückseite ist der Namenszug in der Form zweier Grabkreuze angeordnet) findet sich auf ihr auch grimmige Selbstverspottung: „Herr Gottfried Thränensimpel“, „Thränenmeier“, „Thränenberger“. An anderer Stelle heißt es: „Resignatio ist keine schöne Gegend.“ Der humorige Grundcharakter des Dichters bäumte sich auf gegen das Versinken in eine tiefe Depression.

BERLINER SCHREIBUNTERLAGE DES DICHTERS, 1855
(Ausschnitt)

Romeo und Julia auf dem Dorfe, die einzige unter den Seldwyler-Novellen mit tragischem Ausgang, entstand in einer Zeit der Verzweiflung, ja eines kaum verhohlenen Todesverlangens. Die „Jenseitsfahrt“ mit dem Heuschiff (Kaiser), ein Erzählschluß von versehrender Traumhaftigkeit, hat den Ton eines persönlichen Gefühlserlebnisses. „Ich habe nie etwas produziert, was nicht den Anstoß aus meinem äußeren und inneren Leben empfangen hat“[109], schrieb Keller an Vieweg. Der tragische Ausgang der Novelle, ob er nun poetologisch zwingend ist oder nicht, ist zweifellos erlebt und empfunden und hatte für den Erzähler den Sinn einer Selbsterlösung. Später wird er gerade diese Geschichte, „die mir wie ein gestutzter Pudel durchs ganze Leben nachläuft“[110], von sich wegstoßen und verleugnen wie keine andere. Befangenheit klingt durch, Abwehr der Erinnerung an etwas Überstandenes, Abgetanes, eine überwundene Gefahr.

Romeo und Julia auf dem Dorfe ist nicht nur „die schönste aller Seldwyler-Novellen" (Wiesmann), sondern wohl auch die persönlichste. Sehnsucht nach Erlösung von den verhängnisvoll sich wiederholenden Liebes- und Lebensenttäuschungen des kleinwüchsigen Dichters klingt durch, auch Verzweiflung über die finanzielle Misere der Berliner Jahre, Schuldgefühle gegen die Mutter, das Gefühl bürgerlicher Nutzlosigkeit und tiefes Heimweh nach Land und Leuten seiner Schweizer Heimat. Das kräftig Gesunde und volkstümlich Innige des heimatlichen Dorflebens, in das er sich durch seine Erzählarbeit versenkte, entriß ihn allen depressiven Anwandlungen. Kurz nach dieser Arbeit reiste er zurück nach Zürich.

3
Das soziale Spannungsfeld

Von einer „Wendung zu den objektiven Gegebenheiten des menschlichen Gemeinschaftslebens" spricht Guthke[111] im Zusammenhang mit den *Leuten von Seldwyla*; eine „Wendung zu den Kindern der Dienstbarkeit und der Arbeit" sieht Martini[112] in *Romeo und Julia auf dem Dorfe.*

Diese Wendung Kellers zur sozialen Realität, in zahlreichen bekenntnishaften Briefen der Heidelberger und Berliner Zeit immer wieder zum Ausdruck gebracht, hatte weniger einen weltanschaulich-politischen als einen lebensprogrammatischen Charakter. Sie bedeutete für den Autor eine Kraftanspannung gegen seine Neigung zur Melancholie, gegen die „Irrgänge einer zerstreuten, gramseligen Seele"[113].

Kellers Realismus ist nicht vordergründig abbildhaft. Er ist von naturalistischer Detailgenauigkeit so weit entfernt wie von gemüthafter Genremalerei. Er will durch „klare, übersichtliche Widerspiegelung der wesentlichen Momente des Lebens"[114] wirken. Seine Erzählkunst ist eine Kunst der Aussparungen. Der soziale Hintergrund in *Romeo und Julia auf dem Dorfe* breitet sich nicht in weiträumigen Schilderungen aus, er ist auf wenige aussagekräftige Bilder reduziert, wie z. B. in der „Heiligengalerie" der Seldwyler „Falliten", die am Flußufer aufgereiht stehen und angeln, angetan mit der zerschlissenen Garderobe einstiger bürgerlicher Wohlständigkeit und Behaglichkeit, einem „langen braunen Bürgerrock", „einem spitzen blauen Frack", einem „zerrissenen großblumigen Schlafrock" (28). In diesem sarkastischen Bild drückt sich der Prozeß bürgerlicher Verelendung unmittelbar und einleuchtender aus als in langen Erläuterungen. Am sozialtypischen Schicksal erhellt sich das individuelle, im Individuum werden sozialtypische Verhältnisse erkennbar.

In den folgenden drei Abschnitten, die sich mit den Personen der Handlung und ihren Sozialbeziehungen befassen, soll das soziale Spannungsfeld der Novelle sichtbar gemacht werden. Der schwarze Geiger mit seiner Vagabundengesellschaft steht dabei als Gegenpol zur bäuerlichen Ordnungswelt. Seine dämonische Verlockung ist der Rückfall aus dieser Ordnungswelt ins Elementare, Wilde, Unbehauste und sozial Ungeborgene.

Keller widerspiegelt in solchen Polarisierungen nicht einfach Klassenantagonismen, wie H. Richter meint, sondern zeitübergreifende Lebensmächte. „Das soziale Thema ist in das seelenhaft Individuelle vertieft."[115]

3.1 Personencharakteristik

Der Personenbestand

Die Erzählung kommt mit ganz wenigen Figuren aus, es gibt kaum Randfiguren. „We see no teacher nor pastor nor playmates", sagt Silz.[116]

Neben Gotthelf, der in fast jeder seiner Erzählungen eine Fülle von dörflichen Gestalten aufbietet und auch Nebenrollen in oft skurriler und kauziger Form scharf konturiert, erscheint Keller beinahe karg. In *Romeo und Julia* tragen vier Personen die Handlung: die beiden Bauern und deren Kinder. Von den Frauen tritt nur die Manzin zweimal kurz hervor: als geschwätzige, naschhafte Person, die den Verfall ihres Hofes mit törichtem Gerede und Verschwendungssucht beschleunigen hilft (19f.), und als Wirtsfrau, die sich über ihren sozialen Abstieg hinwegtäuscht, mit lächerlichem Gehabe und neckischer Aufmachung, „das nicht mehr dichte Haar in possierliche Schnecken gewickelt" (26); so bietet sie sich einem verkommenen Spelunkenpublikum als Närrin dar, die einst mächtig und vornehm war als Vorsteherin eines stattlichen bäuerlichen Haushaltes. Um sich in ihrem vor sich selbst verhohlenen Unglück ein bißchen Liebestrost zu erkaufen, umschmeichelt und verwöhnt sie ihren Sohn Sali. Sie ist ein Pendant zum moralischen Abstieg der beiden Bauern, mehr Typus als Person.

Die Frau des Marti dagegen, „welche von guter Art war" (19), überlebt den Verfall nicht lange. „Sie härmte sich ab und starb, ehe ihre Tochter vierzehn Jahre alt war." (ebd.)

Der schwarze Geiger ist eine halb reale, halb eine märchenhafte Symbolfigur, ein „Bruder des Gevatters Tod" (Wiesmann). Alle weiteren Personen außerhalb der beiden Familien sind Staffage, Dialogpartner für kurze Szenen, wie die Nachbarin im Gespräch mit Vreni (60f.) oder die Wirtsfrauen auf der Kirchweihwanderung. Aus dem Dorf, das bezeichnenderweise keinen Namen hat, treten keine weiteren Personen hervor, wenn man von der kurzen Erwähnung eines Waisenvogts absieht (59). Das Szenarium wirkt geradezu abstrakt. Die genrehafte, panoramahaft breite Gestaltung, sonst gerade ein Kennzeichen der Dorfgeschichte, ist Kellers Art nicht. Die streng umgrenzte Ausschnitthaftigkeit seiner Darstellung hebt Wesentliches hervor: Charakter und Schicksal.

Manz

Die beiden Bauerngestalten sind in ihrem Äußeren fast uniform: gleiche Zipfelkappen, Zwillichhosen, grobe Hemdärmel (3f.). Richter[117] sieht darin die Absicht, sie als auswechselbare Prototypen ihrer Klasse darzustellen. Er übersieht dabei, daß der eine von beiden, nämlich Manz, im Laufe der Erzählung scharf umrissene individuelle Züge entfaltet, psychologisch zwiespältige Empfindungen, widersprüchlich und problematisch. Prototypen allerdings sind die Bauern auch, aber auf ganz hohem Niveau, dem der Schicksalstragödie. Am Schluß der Novelle zeichnet Keller sie als „Äufner ihrer Hausehre und ihres Gutes", die sich dann „unfehlbar aufreiben und auffressen" (79). Sie verlieren dabei, was sie „äufnen" (=mehren) wollten, Gut und Ehre. Darin sind sie den „Mehrern des Reiches" verwandt, die sich „verrechnen, nicht nur auf den Thronen, sondern zuweilen auch in den niedersten Hütten und langen ganz am entgegengesetzten Ende an, als wohin sie zu kommen trachteten" (79). An der Gestalt des Manz zeigt Keller die Gewissensverheerungen einer solchen „Verrechnung".

Im Gespräch auf dem Feld war es Manz, der die Rede auf den Brachacker lenkt. Sein Besitzinteresse an diesem Grundstück bemäntelt er mit seinem Ordnungssinn: „Schad ist es aber doch, daß der gute Boden so daliegen muß, es ist nicht zum Ansehen" (6). Sein erstes Bestreben nach der Ersteigerung des Ackers ist, „das wilde Unkraut und Gestrüpp auszureuten" (15). Das „wilde Wesen" machte ihm zu schaffen.

Sein Ordnungssinn ist Reflex einer Gewissensunruhe. Sein „Sinn für Symmetrie und parallele Linien" steigert sich zu einem „aberwitzigen Eigensinn" (17). „Das Unrecht ..., in dem er lebte ..., begann seine Folgen ruhig zu entfalten" (15). Nach außen zeigt er weiterhin Verhärtung und überhebliche Selbstgewißheit, aber sein verhohlener Gerechtigkeitssinn verschafft sich unbewußt Geltung.

Das Gespräch der Bauern auf dem Acker ist ein Musterbeispiel für Schuldverdrängung. Vordergründig geht es um den schwarzen Geiger und seinen Besitzanspruch, insgeheim aber versuchen die beiden, sich ihrer gegenseitigen Komplizenschaft bei einem Landraub zu versichern, einem unter Bauern besonders ehrenrührigen Delikt. Sie fragen sich, was denn der Eigentümer mit seinem Besitz täte, und beruhigen sich mit der Feststellung: „Einen Monat lang sich besaufen und dann nach wie vor" (7). Sie verleugnen, was sie wissen, nämlich daß die Eigentumsverhältnisse an dem fremden Acker klar sind, sie verleugnen damit ihr Gewissen, das, wie Keller mit Feuerbach meint, „an das Bewußtsein des Anderen gebunden" ist.[118]

Der semantische und etymologische Zusammenhang zwischen den Begriffen „gerecht", „krumm", „gerichtet" und „gerade" wird in wortspielhaften Andeutungen bewußt gemacht. „Ich habe bemerkt, daß du neulich noch an dem untern Ende des Ackers, der jetzt mir gehört, schräg hineingefahren bist ... Da es nun aber mir gehört, so wirst du wohl einsehen, daß ich eine solche ungehörige *Einkrümmung* nicht brauchen noch dulden kann, und wirst nichts dagegen haben, wenn ich den Strich wieder *grad* mache" (14). Der *„krumme* Zipfel" muß „durchaus weg" (14). Marti darauf: „Mich geniert das *Krumme* gar nicht", Manz: „Es wird wohl *grad* gemacht" (14f.).

Die Ironie des Erzählganges will es, daß um dieses „Geradermachen" der Streit und die Prozessiererei derer entbrennt, die eine „krumme Sache" gemacht haben. Sie haben verbogen, was gerade war, das heißt: sie haben das Recht gebeugt. Eine Bibelreminiszenz klingt an: „... und das Krumme soll gradgemacht werden"[119].

Die allmähliche unheimliche Veränderung, die sich in dem einst „gutbesorgten Bauern" Manz vollzieht, steht im Zusammenhang mit der Entwicklung seines Unrechtsbewußtseins, seiner „Gewissensschuld". Es war, „als ob er ... das Unrecht betäuben wollte, in dem er lebte" (15). Er denkt zurück an seine unbelastete Jugend und sieht seinen Sohn „mit verwirrtem *Gewissen* und gepeinigter Erinnerung" an (22). Er wird „von unruhigen Tagträumen geplagt, welche aus dem *Gewissen* kamen" (34). Nach der unwürdigen Prügelei mit Marti empfindet er Scham, „ungesehene Tränen rieselten ihm in den Stoppelbart, die er fließen ließ, um sich durch das Wegwischen nicht zu verraten" (33).

Er hätte „den schwarzen Geiger nach seinem *Gewissen* für den rechten Erben" (42) halten müssen, aber er hat ihn vom Hof gejagt. Nun ist er zum Diebeshehler geworden. Voller Trauer sieht er den Verlust seiner Bauernehre, er empfindet „unwillkürliche Achtung vor dem Sohne" (22), in dem er sein besseres Selbst erkennt.

Sali

An der guten Substanz dieses Sohnes prallen Unglück und Verkommenheit ab. Er wächst heran zu einem „hübschen und kräftigen jungen Burschen" (21). Er bewahrt das bäuerliche Ehrgefühl seiner Familie, er hat immer noch „das frühere Bild seines Vaters" (21). „Er weint über Vater und Mutter" (26).

Sein hervorstechender Charakterzug ist Gutherzigkeit. Im Streit der Familien stellt er einen „ziemlich zahmen Feind" dar. Als Knabe, beim Spiel auf dem Feld, bereute er schnell eine unbedachte Grobheit. „In Angst und Reue" (9) stand er vor der klagenden Spielgefährtin, die sich denn auch schnell wieder mit ihm versöhnte. Der Herangewachsene dann nähert sich der einstigen Kindheitsfreundin voller Zartgefühl, das ihn „mit wundersamer Süßigkeit erfüllt" (34). Dieses Gefühl steigert sich in einer langen Reihe von Liebesdialogen bis zur elementaren sinnlichen Leidenschaftlichkeit des Erzählschlusses.

Fontane hat in dem Sprachton der Liebesdialoge den unrealistischen Klang „romantischer Sentimentalität"[120] gefunden. Seinem kühleren preußischen Temperament widerstrebte offenbar der innig-liebliche, volksliedhaft stilisierte alemannische Gefühlston, der sehr zart ist, aber fern von romantizistischer Verklärung. Er ist eher neckend und scherzhaft, noch im Angesicht des Todes: „Du bist noch so ganz jung" (84), sagt Sali, „du alter Mann", gibt Vreni zurück.

Der Gefühlston des jungen Sali bringt ein vollkommen uneigennütziges, selbstvergessenes Liebesgefühl zum Ausdruck. Keller wollte in einer ganz starken, naturhaften, vor allem aber unverbildeten Liebesbeziehung den „gebildeten Ständen" die Empfindungsfähigkeit des „niederen Volkes" vor Augen halten, „das allein ... die Flamme der kräftigen Empfindung und Leidenschaft nährt und wenigstens die Fähigkeit des Sterbens für eine Herzenssache aufbewahrt"[121]. Eben das hat er bei seinen vornehmen

Damenbekanntschaften in Berlin vermißt. Mit sarkastischer Ausfälligkeit mokiert er sich aus der Rückschau von Zürich aus über die bildungseifrigen Frauenzimmer, die abends aus den „akademischen Vorlesungen à la Singakademie in Berlin" strömten, so daß man „Dienstmädchen mit den großenVisitenlaternen herumlaufen sieht, um den innerlich erleuchteten Damen auch äußerlich heimzuleuchten"[122]. Noch ausfälliger wird er in einem Brief an Lina Duncker: „Meine sämtliche Frömmigkeit und Rechtgläubigkeit im Punkte der Frauen ist auf den Kopf gestellt. ... Ich habe zuviel schlechten Hohn und abgeschmackte Hänselei bei den nobelsten Frauensleuten sehen müssen, als daß ich noch viel auf ihre Empfindungen gäbe."[123]

In Vreni und Sali soll die gefühlsverlogene bildungsbürgerliche Welt erkennen, was ihr fehlt. Im vollen Glücksgefühl seiner Liebe entfaltet der verarmte Sali die Großzügigkeit und Ritterlichkeit eines wohlhabenden Jungbauern, der sein Mädchen zum Tanz führt. Dabei ist gerade wegen seiner Armut sein Gebaren frei von Prahlerei und Protzigkeit. „Ich glaube, das Elend macht meine Liebe zu dir stärker und schmerzhafter, so daß es um Leben und Tod geht!" (52) gesteht er seiner Geliebten. Die Alten haben mit ihrer Schuld ihre Kinder „in die Liebe getrieben", sagt Hans Richter.[124]

Vor dem Hintergrund der Armut wird die Selbstlosigkeit dieser Liebe deutlich. Vreni möchte ihr ersehntes Tanzvergnügen nicht von dem Diebeshehlergeld des Manz bestritten wissen. „Doch nicht von deinem Vater, von – von dem Gestohlenen?" (54) Sali respektiert das Feingefühl seines Mädchens und schlägt den ihm vom Vater generös angebotenen Gulden aus. „Ich habe meine silberne Uhr bewahrt, die will ich verkaufen" (54). Er nimmt aber das mailändische Halstuch von seiner Mutter an. „Er schlang es um den Hals und ließ die langen Zipfel fliegen; auch stellte er zum ersten Mal den Hemdkragen, den er sonst immer umgeschlagen, ehrbar in die Höhe, bis über die Ohren hinauf" (57). Der in das Stadtproletariat Abgesunkene zeigt einen jungbäuerlichen Stolz, der ihm nicht mehr zukommt. Seinem Mädchen zu Ehren will er ehrbar auftreten. Die ganze Kirchweihwanderung gestaltet er zu einer Darstellung von Ehrbarkeit, zu einer „holden Täuschung" (69). Das Verhalten beider spiegelt unbewußt den verlorenen kindlichen Spiel- und Glückszustand auf dem Brachacker. Einst schwangen sie ihre Hände über die Distelstauden, „wie zwei Glückliche, die sich von Rechts wegen angehören", wandeln sie jetzt „in den Sonntag hinein" (64).

Das Mädchen hat von seinem Freund die schönsten Tanzschuhe bekommen, „ein leichtes und feines Paar, so hübsch wie Vrenchen noch nie getragen" (56). Er geht mit ihr ins „erste Wirtshaus des Dorfes", wo er ein „erkleckliches Mahl bestellte" (68). Zum süßen Backwerk des Nachtisches gab es sogar einen „feinern und stärkeren Wein, welcher Vreni feurig durch die Adern rollte" (70). Sali ermöglicht ihr, „sich an einem stattlichen Orte zu Hause zu träumen" (65) und alle „Wonnen einer Braut zu genießen, die zur Hochzeit reiset" (69).

Am Ende des Tages steigert sich Salis ritterliche Fürsorglichkeit zur Entsagung: „Du mußt mich vergessen." „Morgen kannst du deines Weges ziehen." „Es handelt sich jetzt nur um dich" (83).

Die Novelle spielt, wie Kaiser[125] nachgewiesen hat, mit dem Mittel der religiösen Kontrafaktur, ähnlich wie später die *Sieben Legenden.* Die Liebenden sind, da ihr Diesseitsparadies nicht Wirklichkeit werden kann, auf der Suche nach dem „himmlischen Jerusalem". So erschien dem Sali seine alte Dorfheimat „mit zwölf glänzenden Pforten" (35), hinter denen er seine Geliebte sucht. Vreni erlebt ihren Himmel zweimal: im Traum vom Tanz (53) und beim Tanzen im Paradiesgärtlein: „Ich bin immer wie im Himmel, wenn ich nur tanze und weiß, daß du zugegen bist!" (78) In der schön geschmückten Vreni klingen Erinnerungen an die Braut des Hohenliedes Salomonis an: „Sali stand mit offenem Munde still in der Mitte der Stube, als er das Mädchen erblickte, so schön sah es aus" (57) – „Siehe, meine Freundin, du bist schön! Siehe, schön bist du!" (Hoheslied 4.1)

Sali in seinem Glück fühlt sich als „Königssohn" (33), er gleicht dem „hohen Bräutigam". In der feierlichen religiösen Metaphorik, mit der Keller das ländliche Liebesereignis überhöht, bekundet sich seine Weltfrömmigkeit.

Vreni

Die Mädchenfigur ist die deutlichste der Erzählung. Von ihr erhalten wir auch ein genaues Bild ihres Äußeren: „Ein schlankgewachsenes, ziervolles Mädchen; seine dunkelbraunen Haare ringelten sich unablässig fast bis über die blitzenden braunen Augen, dunkelrotes Blut durchschimmerte die Wangen des bräunlichen Gesichtes und glänzte als tiefer Purpur auf den frischen Lippen" (20). Schon im Eingang der Erzählung kommt ihre liebevolle Bevorzugung durch den Erzähler zum Ausdruck: „... ein Knabe und ein *kleines Ding von Mädchen*" (5).

Die Sechzehnjährige vereint „Lebenslust und Fröhlichkeit" (20) mit allen hausfraulichen Tugenden. „Schön" ist sie, „klug, weise, arbeitsam und geschickt zu allen Dingen" (62), weiß ihre Nachbarin zu berichten. Ihre Reinlichkeit geht so weit, daß sie noch die zerbrochenen Fensterscheiben des verfallenen Hauses „klar und sauber gewaschen, ja förmlich poliert" hat (37). Ihr Traum ist ein wohlausgestattetes Haus, von dem sie ein Phantasiegemälde im Scherzgespräch mit der Nachbarin entwirft (60f.), „eine Musterkarte bürgerlichen Glücks"[126]. Das steht in einem schneidenden Kontrast zur Wirklichkeit: Während sie in einem heiteren Lügenmärchen ihr Traumhaus ausmalt, wird ihr Vaterhaus gerade leergeräumt und als letztes ihr Bett herausgetragen.[127] Vrenis Ordnungs- und Reinlichkeitssinn bleibt ungebrochen, auch als das Elend alle Mühe eigentlich schon vergeblich gemacht hat. Ihre Ordnung aber ist nicht starr wie die Geradheitsmarotte des Manz, sie verbindet sich mit ihrem Schönheitssinn. Das verfallene Haus macht sie mit Blumen- und Rankenwerk zu einer „ganzen duftenden Wildnis" (37). Dazu gehört auch die Fähigkeit, sich selbst zu schmücken: „... ein einfaches Kleid von blaugefärbter Leinwand, ... frisch und sauber ... ein schneeweißes Musselinhalstuch ... das braune gekräuselte Haar sehr wohl geordnet ... an der Brust trug es einen schönen Blumenstrauß von Rosmarin, Rosen und prächtigen Astern" (57). Überhaupt sind Blumen ein Teil ihres Wesens; als sie in den Tod geht, läßt sie „ihre Blumen vorausgehen" (86). Im Tanz „glüht sie wie eine Purpurrose" (78).

Vreni vereinigt Zartheit mit Vitalität, hingebenden Opfersinn mit verlangender Sinnlichkeit. In stilisierter Gestalt hat Keller diese Figur in der Musa des *Tanzlegendchens* wiedererstehen lassen. Auch Vreni ist von einer unbezähmbaren Tanzlust erfüllt. Ihre Situation ist hoffnungslos, ihr Vaterhaus ist gepfändet, sie muß in die Fremde gehen und „einen Dienst suchen", da fährt „ein freundlicher Geist der Sorglosigkeit" in sie (53). „Ich möchte recht herzlich und fleißig mit dir tanzen, einmal, ein Mal nur!" (54)

Dies eine Mal verwirklicht sich im Paradiesgärtlein. Dort tanzt sie sich satt, „sie schwebte vorüber …, schien überglücklich …" (78).

Im *Tanzlegendchen* stellt Keller am Schluß die puritanisch-christliche Jenseitsvorstellung ironisch in Frage: Der ganze Himmel gerät in Verwirrung über den Gesang der Musen, in dem mächtig Gottfried Kellers „frommes und sehnsüchtiges Heidentum"[128] aufklingt. Kellers Poesie will die „geheimnisvolle schöne Welt"[129] in ihrem ganzen diesseitigen sinnlichen Glanz aufleuchten lassen. Er unterlegt ihr dazu die Goldgrundfarbe der Transzendenz. Vreni lebt ganz im „geheiligten Diesseits des Gefühls"[130], sie tritt wie eine „heilige Kirchenpatronin" (75) in das Wirtshaus zum Paradiesgärtchen, wo „lustige Engelscharen sowie singende und tanzende Heilige" (ebd.) an den Wänden dargestellt waren. Mit einer leisen Ironie zitiert Keller religiöse Begriffe, um seine Figur ins Anmutig-Idealische zu überhöhen. Er zeigt die Vereinigung von Schönheit und Sinnenfreude mit höchster Sittlichkeit. „Was willst du tun? Wollen wir den Bauern ihr Heuschiff stehlen zu guter Letzt?" (86) sagt sie im Angesicht des Todes. Diese skrupulöse Ehrbarkeit widerstreitet aber ihrem Liebesbegehren keineswegs; hier gibt sie sich ganz ungehemmt kreatürlich. Sie ist es, die gegenüber dem Mann immer wieder den Wunsch nach dem „Zusammensein" ausdrückt: „Warum sollen wir uns nicht haben und glücklich sein?" (70) Das unbedingte, bedenkenlose Liebenwollen des Mädchens ist es schließlich, das dem Mann den Gedanken der Todeshochzeit eingibt. „… was du da sagst, habe ich schon lang bei mir gedacht und ausgemacht" (85). Sie bewegt den Mann, ihre geheimen Wünsche auszusprechen, sie bleibt die Führerin ins Reich des Eros und des Todes.

Mit grobfingeriger Psychoanalyse hat sich Eduard Hitschmann (1919) über das Motiv hergemacht: „Regelmäßig sind bei K. die kleinen Mädchen die erotisch aggressiven … In ‚Romeo und Julia auf dem Dorfe' legt sich das Mädchen (5 Jahre) auf den kleinen Knaben."[131] In seiner einseitigen Fixiertheit auf das Pathologische wittert Hitschmann hier natürlich eine Mutterbindung. Die mütterliche Frau ist allerdings ein Grundtypus Kellerscher Frauengestalten. Das zeigt Adolf Muschg[132] sehr viel einfühlsamer. In ihrer feinen Instinktsicherheit ist Vreni eine seelisch Verwandte der Dortchen Schönfund im *Grünen Heinrich*, in ihrer fürsorglichen Dominanz gleicht sie dem Nettchen in *Kleider machen Leute* oder der *Frau Regel Amrain*. Frauen sind für Keller offenbar immun gegen die Gefahr des Selbstverlustes in „einer trügerischen, illusionären Existenz“ (Wiesmann). Die lange Reihe der Seldwyler Traumtänzer von John Kabys bis Wenzel Strapinski besteht aus Männern.

Bei aller drängenden Gefühlsstärke bleibt Vreni aber immer Realistin, die zielsicher auch das nächste praktische Erfordernis sieht. Sie hat eine untrügliche Ahnung für das Gefährliche. Sie beschwört zunächst den werbenden Freund: „Geh in Gottes Namen deiner Wege“ ... „Es wird nie gut kommen“ (38). Sie bedenkt, daß ihre Beziehung geheim bleiben muß: „... nimm dich in acht, daß dich niemand sieht“ (39). Nach dem verhängnisvollen Steinschlag gegen ihren Vater bleibt sie in aller Angst und Erregung umsichtig. „Sie riß ein Blatt von einer Klatschrose ab und legte es auf die erblaßten Lippen“ (47). Den verstörten Freund ruft sie zur Vernunft: „So lauf doch ins Dorf und hol Hilfe ... Komm aber nicht mit zurück und sage nichts, wie es zugegangen“ (48). In jeder Situation erweist sich ihre Umsicht und Lebenstüchtigkeit. Obgleich sie ihr Schicksal hellsichtig vorausahnt, bleibt sie heiter, spöttisch sogar, da ihr „unterdrücktes Wesen immer zur Lust aufzuspringen bereit war wie ein gespannter Bogen“ (49). Dieses ganz auf Dur gestimmte helle klare Wesen bewahrt noch im Todesentschluß seine Heiterkeit: „... sie sprang leicht wie ein Vogel über das Feld gegen den Fluß hinunter ... Vrenchen lachte wie ein Kind, welches sich nicht will fangen lassen“ (86). Ihr atemloser Lauf in den Tod ist voller Lebensfreude. „Der Liebestod der beiden einfachen Menschenkinder ist mehr als das gewöhnliche Hinscheiden Liebender aus Verzweiflung.“[133]

3.2
Der Prozeß der sozialen Vereinsamung

Die schweizerische Dorfgemeinde im 19. Jahrhundert war nach dem Prinzip des Hausväterwesens verfaßt. Der Dorfälteste hatte eine patriarchalisch-monarchische Stellung, wurde aber argwöhnisch kontrolliert vom Gemeinderat. Die Allmenderegelungen, das Schul- und Armenwesen, die Waisenkasse gaben jeder Dorfgemeinde zahlreiche Kompetenzen zur Selbstregulierung ihres kleinen Staates im Staate. Diese selbstbewußten Gemeinschaften freier Ackerbürger schauten stolz auf die städtischen „Lumpenhunde“ (6) herab.

In der Novelle bleiben diese sozialen politischen Bezüge im Hintergrund. Nur einmal tritt mit dem Waisenvogt einer der Dorfgewaltigen ganz kurz ins Bild. Der sehr viel detailfreudigere Jeremias Gotthelf dagegen zeichnet in seinen Erzählungen oft ein genaues, ergötzliches Bild solcher konstitutionellen Dorfmonarchien.

Das Bürgerrecht in einer solchen Gemeinde war allerdings nicht gesichert. Es wurde erworben durch Geburt oder Ansiedlungsrecht, man konnte es verlieren durch denVerlust von Haus und Grund. Das widerfährt Manz, Marti und ihren Kindern. Der langsame, unerbittliche Prozeß dieser sozialen Ausstoßung wird an mehreren Stationen der Erzählung deutlich gemacht.

Mit ihrem furchenweisen Raub an dem Feld des Heimatlosen haben sich die beiden Bauern in eine Sündenbockrolle gebracht. Sie haben nur getan, was viele in gleicher Lage getan hätten, ja sie glauben sogar, es im Interesse der Gemeinde getan zu haben, damit der „Fetzel“ nicht der Gemeindekasse zur Last fällt (7), gleichwohl verfallen sie der sozialen Ächtung (13). Mit der ersten unrechtmäßig gerissenen Furche haben sie den ersten Schritt in das Außenseitertum, in die soziale Vereinsamung getan (vgl. 2.1: „Der Landraub“).

Als erster muß Manz sein Dorf verlassen. Bei seinem Auszug schauen die Dorfgenossen verstohlen über die Hecken. Zur Schande der Hofaufgabe kommt die Scham über die Verkommenheit des Hausrates, die beim Aufladen vor aller Augen offenbar wird (23). Das Gespann ist geliehen, „das letzte schäbige Knechtlein hatte ihn verlassen“ (24). Es gibt keinen Abschied, keine freundlichen Worte. Auch in der Stadt ist Manz vom eingesessenen Bürgertum isoliert. Seine Gesellschaft ist ein lumpenproletarisches Spelunkenpublikum und Diebsgesindel. Für seinen alten Nachbarn und Feind Marti ist er nun ein „Seldwyler Lumpenhund“ (30), für die Seldwyler gehört er zum „verlumpten Bauernpack“ (25). Sein Platz ist jetzt in jener Galerie von lächerlichen „Säulenheiligen“ am Flußufer (29), wo die Falliten stehen, lauter gescheiterte Existenzen, und auf Fischfang gehen, ein Platz der „Verdammnis“ (29), jenseits der Gesellschaft, fast schon jenseits des Lebens, das achtlos vorüberzieht. Manz gehört damit zu den bürgerlich Toten, „lebendig Begrabenen“.

Auch Marti entgeht diesem Schicksal nicht. Sein Verdammungsort ist „eine Anstalt in der Hauptstadt des Ländchens“ (50). Immerhin tritt für ihn die gemeindliche Fürsorge noch in Kraft: Er wird „auf öffentliche Kosten in der Stiftung untergebracht“ (50). Für seine Tochter Vreni reichen die Fürsorgemittel nicht mehr aus, sie muß das Dorf verlassen, mit einem Armengroschen abgefunden, „ein paar neu glänzenden Talerstücken“ (59), mit denen sie sich einen Dienst suchen soll. Sie soll sich „noch heute gleich auf den Weg machen“ (59).

Auch Sali ist ins soziale Niemandsland geraten, er ist weder Stadt- noch Dorfbürger. „Ich wollte auch schon hundertmal Soldat werden oder mich in einer fremden Gegend als Knecht verdingen“ (52). Aus dieser Hoffnungslosigkeit fliehen die Kinder in ihre Liebe. „Ich habe gedacht, du werdest jetzt allein sein und bin gekommen, um dich zu sehen“ (52), sagt Sali. Allein auch das ist hoffnungslos. Die meisten Kantone kannten Ehebeschränkungen für Arme. Das Matrimonialgesetz von 1811 gab der Heimatgemeinde „das Recht des Einspruches vor den Gerichten“, wenn sie darlegen konnte, daß die neue Familie ihr zur Last fallen werde.[134]

Dies war eine erschütternd inhumane Auswirkung der gemeindlichen Selbstbestimmung.

Hier liegt ein Unterschied zur Tragödie Shakespeares. Der Streit der Väter ist für Vreni und Sali nur mittelbar Ursache ihres Nichtzueinanderkommens. Das Unglück ihrer Familien hat sie eigentlich frei und mündig gemacht. Ihre Tragödie wurzelt in einer schlimmen Sozialordnung, die dem Unglück der Verarmung das der Rechtlosigkeit hinzufügte.

Der Versuch der Bauernkinder, auf ihrer Hochzeitswanderung den Ring der Vereinsamung zu durchbrechen, mißlingt. Auf dem Kirchweihfest wird ihnen ihr Außenseitertum sogar besonders bewußt gemacht. Nachdem sie sich zunächst bemüht hatten, „auf dem Wege abseits und allein zu sein“ (70), gingen sie jetzt „mitten durch die Leute“. Sie waren „so vergessen, daß sie nicht bemerkten, wie nach und nach ein weiter Ring sich um sie gebildet hatte von Leuten, die sie aufmerksam und neugierig betrachteten ... Als sie daher endlich aufwachten und um sich sahen, erschauten sie nichts als gaffende Gesichter von allen Seiten; niemand grüßte sie, und sie wußten nicht, sollten sie jemand grüßen" (73).

Daß die Dorfgenossen nun Vreni und Sali nicht einmal mehr an ihrer Festfreude teilnehmen lassen, sei es auch nur aus Gedankenlosigkeit oder Verlegenheit, machte ihre Verstoßung besonders bitter. „Es wurde Vrenchen bang und heiß, es wurde bleich und rot" (73).

Unter dem armen Volk im Paradiesgärtlein waren sie noch einmal froh, „nur für den Augenblick unter Leuten zu sein" (82). Bald darauf aber wird die Einsamkeit undurchdringlich. Sie sind wieder auf ihrem Kindheitsfeld, zum erstenmal in der Nacht. Das „tobende Hochzeitsgeleite" hat sich verzogen, der Lärm klingt noch eine Weile nach, „bis zuletzt alles verklang und still wurde" (83).

3.3
Die antibürgerliche Gegenwelt

Mit den Problemen des Industriezeitalters hat sich Keller in seinem Züricher Stadtschreiberamt und als politischer Publizist auseinandergesetzt. Seine kritische Stellungnahme zur Kinderarbeit ist bekannt. Die Seldwyla-Novellen aber schildern nicht die aufkommende Welt der Fabrikschlote und Werkhallen, sondern kleinbürgerlich-handwerkliche oder ackerbürgerliche Verhältnisse, auch wo sie eindeutig im 19. Jahrhundert spielen. Die *Drei gerechten Kammacher* z. B. spiegeln noch Elend und Abhängigkeit der Handwerksgesellen in einem Meisterhaushalt, zu einer Zeit, als derlei Arbeitsverhältnisse schon obsolet zu werden begannen. In unserer Novelle ist einmal die Rede von „Fabriken in den Bergen" (69), aber damit sind Heimarbeitsindustrien gemeint.

Beim schwarzen Geiger und seinen Gesellen handelt es sich nicht um vagabundierende Industriearbeiter, die zwischen zwei Arbeitsverhältnissen vorübergehend Wohnung in den Wäldern nehmen, sondern um jene pittoreske Zwischenschicht von Wanderarbeitern und Gelegenheitsmusikanten, „Kesselvolk", zu den Dörfern gehörig und doch nicht in ihnen zu Hause. Der schwarze

Geiger ist ihr Prototyp. Er ist schwarz, weil er mit rußigen Gewerben zu tun hat, „allerlei Handwerk“ wie Kesselflicken, aber auch Kohlenbrennen und Pechsieden (40). Er ging aber auch „mit der Geige auf einen guten Schick aus, wenn die Bauern irgendwo lustig waren und ein Fest feierten“ (40).

Die Wohnung dieser Außenseiter ist in den Bergwäldern. „Die grünen Wälder sind unser Haus“ ... „Es ist gar nicht so übel bei uns, gesunde Luft und genug zu essen“ ... „Im Winter machen wir uns die wärmsten Schlupfwinkel oder kriechen den Bauern ins warme Heu“ (80). Keller hat sicher in seiner Jugend bei seinen Besuchen im Dorf Glattfelden solche Menschen kennengelernt. Hinter ihrer malerischen Erscheinung verbirgt sich ein soziales Problem. Einen „Schandfleck für die Schweiz“[135] nannte sie Theodor Mügge in seinem Reisebericht von 1847. Oben (vgl. 2.1: „Der Landraub“) wurde gezeigt, in welchem Teufelskreis sie sich befanden: Weil sie besitzlos waren, hatten sie kein Ansiedlungsrecht, weil sie sich nicht ansiedeln durften, mußten sie arm bleiben. Selbst die Taufe wurde ihnen verweigert, weil sie einen Anspruch an die Gemeinde hätte begründen können. „Ich habe keinen Taufschein und keinen Heimatschein, und meine Freunde, die Heimatlosen, die meine Geburt gesehen, haben kein gültiges Zeugnis“ (42), klagt der schwarze Geiger.

Die Novelle behandelt keinen Klassenkonflikt im marxistischen Sinne, etwa das Absinken des Landproletariats ins Industrieproletariat. Für den verarmten Sali steht der Beruf des Fabrikarbeiters offenbar überhaupt nicht zur Wahl (vgl. 3.2).

Die Gesellschaft des schwarzen Geigers gehört zur dörflichen Sphäre, nicht zur Industriestadt. Den Bauern bietet sie ihre Dienste an, die Bauern machen von ihnen Gebrauch und verachten sie. Es handelt sich zur erzählten Zeit der Novelle schon um eine aussterbende Schicht. Die Sozialgesetzgebung der Schweiz von 1874 beseitigt das Heimatlosenrecht.[136]

In dieser Welt bietet der schwarze Geiger den Bauernkindern einen Platz an. Als echte Bauernkinder aber können sie nur glücklich sein „auf einem guten Grund und Boden“ (80). Darum wählen sie nicht den Heustock des schwarzen Geigers als Hochzeitsbett, sondern das Heuschiff, das sie aus der Welt tragen wird.

4
Die Symbolsprache

Sprachkünstlerische Mittel wahren, wie oben (2.1–3) gezeigt, die Einheit der Erzählung. Sie hat „diese verwebende, in Bildsymbolen zur Einheit aufgebaute Polarität der Spannungen."[137]

Im folgenden soll an einigen Beispielen die leitmotivische Funktion von Dingsymbolen gezeigt werden. Die Naturbilder mit ihrer Farbsymbolik geben einen Eindruck von Kellers „Diesseitsfrömmigkeit"; sie drücken ein „geheiligtes Diesseits des Gefühls" aus, „das die Wirklichkeit sprengt und den Tod in sich aufnimmt."[138] Elemente der Märchensprache und religiöse Sinnbilder schließlich spiegeln ein seelisches Geschehen, das sich am Schluß der Novelle zu versehrender Innerlichkeit steigert. Wegen der schwer ausdrückbaren Ambivalenz dieser Sinnbildlichkeit muß die Interpretation in der Schwebe bleiben zwischen Begrifflichkeit und einfühlender Umschreibung.

4.1
Verbildlichung seelischen Geschehens

Über die vielfältige Bildsymbolik der Novelle gibt es eine Fülle von Literatur.[139] Hier sollen nur drei besonders aussagekräftige Bilder behandelt werden: Haus, Feld und Fluß.

Das Haus

Vreni „verhüllte ein Weilchen die Augen, als sie ihr Haus verlassen mußte" (63). Gerade hatte sie der Nachbarin vorgelogen, daß Sali ihr ein großes Haus in der Stadt gekauft habe. Sali kauft ihr dann tatsächlich „ein großes Haus", eins „von Lebkuchen, das mit Zuckerguß freundlich geweißt war, mit einem grünen Dach, auf welchem weiße Tauben saßen und aus dessen Schornstein ein Amörchen guckte als Kaminfeger" (71).

Vreni macht ihm ein Lebkuchenherz zum Gegengeschenk, damit anspielend auf die Trivialmetaphorik von Haus und Herz.

Kultermann spricht von der Problematik von Sein und Schein, die sich durch die Novelle zieht.[140] Der schöne Schein eines Lebkuchenhauses mit der aufgepappten Jahrmarktspoesie muß den Liebenden zum Ersatz dienen für das verlorene Recht, in einem wirklichen Haus zu wohnen. Vreni und Sali haben aber die Fähigkeit, auch aus der Scheinerfüllung eine Glücksempfindung zu ziehen. So drängt sich in den einen Tag der Kirchweihwanderung ein ganzes erfülltes Leben zusammen. „Die armen Leutchen mußten an diesem einen Tage, der ihnen vergönnt war, alle Manieren und Stimmungen der Liebe durchleben und sowohl die verlorenen Tage der zarteren Zeit nachholen als das leidenschaftliche Ende vorausnehmen mit der Hingabe ihres Lebens" (67). Alles ist nur Spiel und Schein – Pfefferkuchenhaus und Pfefferkuchenherz, die scherzhafte Trauungszeremonie im Wirtshaus, die Talmi-Verlobungsringe von der Kirmes – und ist doch von tieferer Seinswirklichkeit als manche leere bürgerliche Konvention. „‚Ach', seufzte Vrenchen, ‚du schenkst mir ein Haus! Ich habe dir auch eines, und erst das wahre geschenkt'" (72).

Das Wort ‚Haus' zieht sich in vielerlei Variationen leitmotivisch durch die Erzählung. Am Anfang steht es als ruhiger, sicherer Rückhalt am Rande der Pflugszene: „... ein Dorf, welches manche große Bauernhöfe enthält" (3). Die Häuser von Manz und Marti werden sicher zu den stattlichsten gezählt, da sie „zu den besten Bauern des Dorfes gehörten" (13). Sali und Vreni hatten noch „die Ehre" empfunden, „die ... in ihren Häusern geglüht hatte" (79). Ehrbarkeit, Sicherheit und Behütung verbindet sich ihnen mit der Erinnerung an ihre Vaterhäuser. Sie „erinnerten sich, wie wohlgepflegte Kinderchen sie gewesen und daß ihre Väter ausgesehen wie andere Männer, geachtet und sicher" (79). Nachdem sie aber „von Haus und Hof hatten springen müssen" (13), ist aus dem „Schild der Ehre" eine „Tafel der Schande" (79) geworden. Das Wirtshaus, das Manz in der Stadt bezieht, ist nicht ein Haus zu nennen, „es glich einer vollkommenen Räuberhöhle" (25). Sali wird „krank in diesem Haus" (56). Der Abstieg kann nicht tiefer sein. „Stolz auf seine Unabhängigkeit" (22) war der Bauer gewesen, ein kleiner König. Wenn sie „über Land gehen", schneiden sich die Bauern „gern eine schlanke Gerte" und „tragen sie wie ein Szepter vor sich hin" (66f.). Wenn Manz nun „an die freie Weite des Feldes dachte, so stierte er finster brütend an die Decke oder auf den Boden, lief unter die enge Haustüre und wieder zurück" (27).

Auch Marti sitzt jetzt in einem „stillen, wüsten Haus" (38). Es ist der „Wildnis" anheimgefallen, jener dem bäuerlichen Ordnungsstreben feindlichen Naturmacht. Sein Haus hat nichts Bäuerlich-Königliches mehr.

Kultermann spricht von der Ambivalenz des Symbols Haus, weil es „sowohl als das Umschließende und Bewahrende wie auch als dessen Gegenbild metaphorisch gebraucht wird“[141]. Die Einkehr in ein Haus kann Leben, Liebe, Wärme und Geborgenheit verheißen, aber auch Tod, Krankheit und Verfall wie der Einzug des Manz in sein Wirtshaus oder des Marti ins Tollhaus.

Eine dreimalige Einkehr nach dem Muster des Märchens ist den Bauernkindern auf ihrer Kirchweihwanderung beschieden. Zunächst kommen sie in zwei honorige Landgasthäuser, wohlausgestattet gleich dem Goldacher Wirtshaus in *Kleider machen Leute.*

Sali und Vreni treten nur zögernd in die „große reinliche Gaststube“ ein (64). Der Duft von frischgebackenem Brot durchzieht das Haus, ein krasser Kontrast zu Manzens Gasthaus, wo man sich Brot und Wein erst borgen mußte, wenn Gäste kamen. (Sie hatten einst Brot und Wein bei ihrem nachbarschaftlichen Mahl auf dem Acker (5); jetzt symbolisiert, wiederum mit religiösen Bildmitteln, das Fehlen von Wein und Brot den Zustand der Gnadenlosigkeit.)

Es ist ein begnadetes Haus, ein Haus des Lebens, in das sie eintreten. Alles vermittelt den Eindruck von Nahrhaftigkeit, Wachstum und pflegsamer Liebe, noch gesteigert durch die Darstellung von Vrenis Entzücken: Brot in gehäuften Körben, freundliche, zutrauliche Kinder, sonntäglich herausgeputzt, wohlduftender starker Kaffee, fetter Rahm, frische, noch warme Brötchen, Butter, Honig, Eierkuchen … (64 f.) In der Schilderung dieses „stattlichen Ortes“ (65) liegt eine schmerzliche Dissonanz: Vreni darf nur als Gast für eine ganz kurze Zeit genießen, was ihr als Herrin zustände, als Hoferbin und Königskind, das sie doch eigentlich ist: die Reinlichkeit und den Wohlstand eines reich ausgestatteten Hauses, „das feine Geschirr, die silbernen Kaffeelöffel“ (65). Sie sieht ihren Traum vor Augen, sie „träumt sich zu Hause“ und weiß, daß sie aus ihrem Traum vertrieben wird.

Die Attribute des Hauses und seiner Wirtsleute („reinlich“, „sauber“, „freundlich“ (64)) korrespondieren mit Vrenis Erscheinung und Aufputz („frisch und sauber“ (57), „fein und lieblich“ (58), „still und hold“ (58), „das Haar wohl geordnet“ (58)). Sie ist hier in dem ihr Gemäßen, in „ihres Vaters Haus“ wie die um ihr Recht betrogene „rechte Braut“ des Märchens (vgl. 4.3).

Das zweite Wirtshaus ist eine Übersteigerung des ersten: „schön getäfelte Wände von gebohntem Nußbaumholz“, ein „wohlbestelltes Büfett“, „ländlich, aber glänzend“, „die klaren weißen Fenstervorhänge“, „ein Geschirr voll frischer Blumen“ (68). Und wieder die Zusammenstimmung mit der „Braut“: „... ihr niedlicher einfacher Aufputz“ ..., „so frisch und unversehrt ..., wie er am Morgen gewesen war“ (67). In dieser Umgebung „genoß Vrenchen alle Wonnen einer Braut, die zur Hochzeit reiset“ (69). Sie „zögerte, aus der holden Täuschung herauszugehen“ (69).

In einer so schwebenden Mitte zwischen Sein und Schein setzen die beiden „Königskinder“ ihre traumwandlerische Reise fort. Sie gingen „nebeneinander her, in angenehme Träume vertieft, als ob sie nicht aus zank- und elenderfüllten vernichteten Häusern kämen“ (65).

Das dritte Gasthaus ist eigenartig, fast verwunschen. Keller liebte das leicht ironisierende Spiel mit religiöser Allegorik. Das Wirtshaus zum „Paradiesgärtlein“ wirkt wie eine anmutige Parodie des christlichen Jenseitshimmels: Erzengelfiguren als Gebälkträger, musizierende Engel als Gesimsfiguren, Freskomalereien – schemenhaft verblaßt – mit religiöser Motivik, das alles verwittert, abgeblättert, verwaschen und zerfallen.

Gilbert weist darauf hin, wie dieses Haus von „Wildnis“ überwuchert ist.[142] Das Jenseitsmotiv ist nur metonymisch zu verstehen, denn es geht sehr elementar diesseitig zu in diesem Wirtshaus. Auch die Jenseitsfarbe Gold (75) ist ironisches Zitat. Das Haus ist umwuchert von „verwilderten Kastanienbäumchen“ und „Rosenbüschen, die wild heranwuchsen“, dazu ertönte eine „wilde Musik“ (75). Der Tanzsaal, eigentlich nur ein offener Estrich,[143] durch den der Mond sein Licht wirft, hat nichts mehr von der bergenden und behütenden Schutzmacht eines Hauses, er ist dem wilden, ungebändigt Naturhaften, Elementaren geöffnet. Die Wildheit greift auf die Liebenden über. Vreni „fieberte an Salis Brust“, „das Brautwesen lohte ihm im Blute, und je hoffnungsvoller es war, umso wilder und unbezwinglicher“ (81).

In der „grünen Wildnis“ (8) ihres Kindheitsparadieses hatte sich das „Paradiesgärtlein“ bereits ahnungsweise angekündigt; dort aber lebten sie noch im sicheren Einklang von sinnenhafter

Glückseligkeit und häuslicher Geborgenheit. (Bedeutsam ist auch das Motiv des „Nestbauens“, in der Kindheit im „grünen Kraut“ (10), später im „Kerker in den goldenen Ähren“ (45).) Das letzte Haus aber, in das sie einkehren und in dem der Wind die Kerzen ausbläst (77), ist ganz geöffnet dem Ungeborgenen.

Das Feld

Als Sali auf sein Kindheitsfeld zurückkehrt, um Vreni zu suchen, erscheint es ihm als das „himmlische Jerusalem mit zwölf glänzenden Pforten“ (35). Feld und Himmel stehen in der Erzählung in einem auffälligen Zusammenhang. Im Paradiesgärtlein, wie oben gezeigt, berühren sich die beiden Motive mit dem Motiv „Haus“.

Der Goldglanz der Sonne überstrahlt alle Begegnungen Vrenis und Salis.[144] Eine „goldene Septembergegend“ (4) eröffnet sich am Anfang, die „prächtige stille Julisonne“ (39) steht über der Mitte der Erzählung, mit einem „schönen stillen Sonntagmorgen im September, keine Wolke stand am Himmel“ (63), geht sie zu Ende. Die Jenseitsfarbe Gold, diesmal als Attribut des Mondlichtes, überstrahlt auch den Schluß: „Der untergehende Mond, rot wie Gold, legte eine glänzende Bahn den Strom hinauf“ (87 f.). Bedeutsam ist auch der „Wolkenriß, der den grellen Abendschein durchließ“ (32) beim Streit der Bauern. Wiesmann nennt es ein „transitorisches Aufleuchten des himmlischen Jerusalem in der Zeit“.[145]

Der Blick vom Feld in den Himmel ist wiederholt Ausdruck höchsten Glücksgefühls. Sali „guckte glückselig in den Himmel“ (39). Sie saßen „in den goldenen Ähren ..., so daß sie nur den tiefblauen Himmel über sich sahen und sonst nichts von der Welt“ (45), sie sahen eine Lerche „gleich einem plötzlich aufleuchtenden oder hinschießenden Stern am blauen Himmel“ (45). Sie warten auf das Vorüberziehen eines Nebelstreifs am Mond (85).

Der Acker steht aber nicht nur zum Himmel in einer Beziehung, sondern auch zu seiner dunklen Gegenmacht. In allen drei Erzählteilen ist ein gespenstisches Motiv mit ihm verbunden: Das Puppengrab mit dem weissagenden Prophetenhaupt (10), der feuerrot mit Mohn überwachsene Steinhaufen, der dem schwarzen Geiger als eine Art Teufelskanzel für seine Unheilspredigt dient (41), und am Schluß der „Hexentanz“ der Heimatlosen, der über den „Blocksberg“ zieht, „wo die drei Äcker lagen, und oben strich der schwärzliche Kerl die Geige noch einmal so wild, sprang und hüpfte wie ein Gespenst" (83) (vgl. 2.1: „Die Magie der Ackerfurche").

Der Acker, dieser ganz diesseitige bäuerliche Existenzgrund, gewinnt eine magische, jenseitsmystische, schicksalsträchtige Bedeutung. Er ist die Pflugbahn der Bauern, zugleich aber Sternenbahn ihres Geschicks (12), wilder Brachacker und Kindheitsparadies, Treffpunkt der Liebenden und Orakelstätte des Unheils, Ort der Hochzeit und des Todes.

Als Vreni, Sali und der schwarze Geiger sich auf der Stelle der drei Äcker begegnen, sind die legitimen Grundstückserben auf ihrem Land versammelt, drei gleichermaßen Beraubte. Da offenbart der schwarze Geiger den beiden Bauernkindern, wie leicht ihre Väter sich von ihrer Schuld hätten loskaufen können. „Ich habe eure Väter angefleht, daß sie mir bezeugen möchten, sie müßten mich nach ihrem Gewissen für den rechten Erben halten" (42). Es ging ihm nicht einmal um den ungeschmälerten Acker, sondern nur um das Depositum für das versteigerte Restgrundstück, mit dem er „hätte auswandern können" (42).

Weder die Befürchtung, daß die Bauern für ihren Raub zur Rechenschaft gezogen werden könnten, noch die, daß „der Fetzel" der Gemeindekasse zur Last fallen könnte, war berechtigt. In eine wahrhaft tragisch-ironische Situation haben sich die Bauern mit ihrem Starrsinn hineinmanövriert. Wie antike Tragödienfiguren verlieren sie alles, weil sie sich nicht beugen wollen.

Das Dingsymbol aber für diese Schuld ist der Acker. Die Kinder bleiben ihm durch einen zauberhaften Zwang verbunden, ihr Schicksal, ihre Liebe und ihr Tod vollziehen sich an dieser Stätte. Durch eine unbewußte, an apotropäische Kulte erinnernde Opferhandlung beschwören schon die Kinder eine Ahnung des künftigen Unheils herauf, das dann durch den Steinschlag gegen den alten Marti besiegelt wird. Vom Acker aus schließlich begeben sie sich in das unsichere, fließende Element.

Der Fluß

Er umklammert – abgesehen vom Erzählrahmen – als erstes und letztes Wort die Erzählhandlung: der „schöne Fluß" (3) – „die kalten Fluten" (88).

Beim Streit der Väter am Fluß gaben sich die Liebenden „die Hände, welche vom Wasser und von den Fischen kühl und feucht waren" (33). Am Schluß stellt Vreni selbst eine Beziehung ihres Endes zu dieser Begegnung her: „Es strebte, Gesicht und Hände ins Wasser zu tauchen und rief: ‚Ich will auch das kühle Wasser versuchen! Weißt du noch, wie kalt und naß unsere Hände waren, als wir sie uns zum erstenmal gaben? Fische fingen wir damals, jetzt werden wir selber Fische sein und zwei schöne große!'" (87)

Sie ist süchtig nach dem Wasser, süchtig nach dem Tod.

Auch für die beiden Bauern ist der Fluß ein Untergangssymbol, Stätte ihres moralischen Zerfalls. Ihr Leben hatte schon lange „der träumerischen Qual zweier Verdammter" geglichen, welche, „auf einem dunklen Strom hinabtreibend, sich befehden" (17).

Der Fluß ist die „Heiligengalerie" der Seldwyler Gescheiterten, der Falliten und Scheinexistenzen, die „an dem ziehenden Strom regungslos stehen" (28). Die Bauern gehen an den Fluß, nachdem sie ihren Acker und damit den Boden unter ihren Füßen verloren haben. Sie begeben sich damit ins Fließende, Unsichere, hoffen auf zufälligen Glücksfang, sei es ein Fisch oder ein Lotteriegewinn, sie, die vorher „sicheren und zierlichen Schrittes" (4) über ihre Äcker gegangen waren, dabei die Pflugschar fest im Griff haltend wie ihr Leben.

Die Entgegensetzung von Fluß und Feld spiegelt den Gegensatz von Selbstaufgabe und jenem „stillen Leben voll treuer Mühe und Arbeit" (s. Materialien 4), das die Urfassung des Schlusses als lebensrettenden Ausweg aufzeigt. Der Fluß als das Treibende und Ziehende macht willenlos. Menschen, die sich treiben lassen, sind in den Seldwyler Geschichten die Negativumkehrungen der bürgerlich Zusammengerafften, die in zäher und geduldiger Arbeit Gut und Ehre erwerben wie Frau Regel Amrain. Die protestantisch-calvinistische Ethik der Güterakkumulation durch Verzicht auf unmittelbares Leben vertritt Keller hier noch ganz unangezweifelt, anders als in dem späten Roman *Martin Salander.* Es ist eine im Grunde untragische, nüchterne, ganz auf diesseitige Erfüllung gerichtete Weltsicht, und darum ist *Romeo und Julia auf dem Dorfe* eine im Grunde atypische Seldwyler Novelle.

Die elementare Gewalt des Stromes wird zum Bild einer todessüchtig sich steigernden Leidenschaft: „Dort ist das tiefe Wasser, dort scheidet uns niemand mehr, und wir sind zusammen gewesen, ob kurz oder lang, das kann uns dann gleich sein" (85). Ziehendes Wasser und treibende Leidenschaft sind bildlich ineins gesetzt: „‚Es ist das Wasser, das rauscht' … ‚Nein, ich glaube, wir hören unser eigenes Blut in den Ohren rauschen'" (84).

So vollzieht sich mit zwingender Konsequenz ein tragisches Ende, das der Autor am Schluß (in der Urfassung) selbst moralisch mißbilligen muß.

4.2
Die Natur und ihre Farben

„…
Das Urgebirge um mich her
Ist schweigend wie mein Nachtgebet;
Weit hinter ihm hör ich das Meer,
Im Geist, und wie die Brandung geht.
Ich höre einen Flötenton,
Den mir die Luft von Westen bringt,
Indes herauf im Osten schon
Des Tages leise Ahnung dringt.
…"

(G. Keller: *Stille der Nacht*)

„Die Stille der Welt sang und musizierte ihnen durch die Seelen … Wie schön ist es da rings herum! Hörst du nicht etwas tönen, wie ein schöner Gesang oder ein Geläute?" *Romeo und Julia auf dem Dorfe,* (84)

Nicht nur als Lyriker hatte Keller romantische, an Brentano erinnernde Klänge. Die Synästhesie von Stille, Schweigen und geahnter Musik beschwört den Einklang von Seele und Landschaft auch in der Erzählung. „Magische Identifikation mit der Natur" nennt es G. Kaiser.[146]

Kellers Naturbilder bezaubern durch Farbfülle, zarte Zeichnung und einen Ton innigsten Einverständnisses des Menschen mit der Welt.

„Ich fühle mich so leicht zumal
Und wie die Welt so still und gut."[147]

An drei Stellen der Erzählung wird dieses Gefühl des seelisch-sinnlichen Einklanges besonders deutlich.

„Bald waren sie auch im freien Felde und gingen still nebeneinander durch die Fluren; es war ein schöner Sonntagmorgen im September, keine Wolke stand am Himmel, die Höhen und die Wälder waren mit einem zarten Duftgewebe bekleidet, welches die Gegend geheimnisvoller und feierlicher machte, und von allen Seiten tönten die Kirchenglocken herüber ..." (64)

Der Septembertag erinnert an den Erzählanfang, das Kindheitsglück auf dem Acker, die Geborgenheit zwischen den ruhig auf und ab pflügenden Bauern. Die äußere Situation aber hat sich gewandelt, sie ist jetzt glücklos, die Kinder sind Ausgestoßene. Und doch ist das Gefühl der Selbstvergessenheit, mit dem die Liebenden wandern, das gleiche wie die selige Unbewußtheit der Kinder. Ihre „hoch aufatmende, wortlose Freude" beruht auf dem Gefühl der völligen Übereinstimmung mit dem Tag, der Landschaft und der Natur ringsum. Die „Bekleidung" der Höhen und Wälder „mit einem zarten Duftgewebe" entspricht ihrer Freude, „sauber gekleidet" zu sein; es ist ihr Sonntag, der sich in der sonntäglichen Feierstimmung widerspiegelt. Kein Mißklang stört die Harmonie von innerer und äußerer Welt. Wieder wird dieser Zustand durch das Erklingen einer inneren Musik bezeichnet: „Denn die Liebe ist eine Glocke, welche das Entlegenste und Gleichgültigste ... in eine besondere Musik verwandelt" (64).

Naturhaftigkeit heißt für Keller, sich dem inneren Gesetz der Welt zu überlassen. Auch gesellschaftliche Zustände haben ihre Naturform, deren Verletzung Unordnung und Selbstzerstörung nach sich zieht. Die Verletzung der natürlichen Ordnung im Leben der Bauern widerspiegelt sich im Landschaftsbild. Die Landschaft der Pflüger in ihrer sanften langwelligen Schönheit vermittelt das Gefühl einer einträchtigen Verbundenheit von Welt und Mensch. Auf ganz andere Weise stimmt die Natur in den Streit der Bauern am Fluß ein.

„‚Schweig, du Galgenhund', schrie Marti, da hier die Wellen des Baches stärker rauschten ... Und da jetzt auch die Weiden am Bache gewaltig zu rauschen anfingen im aufgehenden Wetterwind, so mußte Manz noch lauter schreien" (30).

Das Geschrei der Menschen und das Rauschen von Wasser und Weiden suchen einander zu übertönen. Es ist nicht nur ein Streit zwischen Menschen, Mensch und Natur sind miteinander zerfallen und dadurch auch der Mensch mit sich selbst.

„Es fing an zu blitzen und erleuchtete seltsam die dunkle melancholische Wassergegend; es donnerte auch in den grauschwarzen Wolken mit dumpfem Grolle, und schwere Regentropfen fielen, als die verwilderten Männer gleichzeitig auf die schmale, unter ihren Tritten schwankende Brücke stürzten, sich gegenseitig packten und die Fäuste in die vor Zorn und ausbrechendem Kummer bleichen zitternden Gesichter schlugen" (31).

An die Stelle der friedlichen, stillen, geordneten Natur ist die wilde, entfesselte Naturkraft getreten, in der Landschaft wie in den Menschen.

Am Schluß der Novelle steht wieder die stille Ergebung in den Willen der Welt. Die Welt klingt und tönt wieder, sie lärmt nicht mehr.

„‚Überall tönt's' ... Sie horchten ein Weilchen auf diese eingebildeten oder wirklichen Töne, welche von der großen Stille herrührten oder welche sie mit den magischen Wirkungen des Mondlichtes verwechselten, welches nah und fern über die weißen Herbstnebel wallte, welche tief auf den tiefen Gründen lagen" (84).

Die magische Wirkung des Mondlichtes hatte schon die nächtlichen Tänzer im Paradiesgärtlein verzaubert.

„... die ganze Gesellschaft stellte sich an die Brüstung des luftigen Saales und sah dem Aufgange des Gestirnes entgegen, dessen Röte schon am Horizont stand; und sobald der Mond aufging und sein Licht quer durch den Estrich des Paradiesgärtels warf, tanzten sie im Mondschein weiter, und zwar so still, artig und seelenvergnügt, als ob sie im Glanze von hundert Wachskerzen tanzten. Das seltsame Licht machte alle vertrauter" (77 f.).

Der Mond schließlich legt ihnen „eine glänzende Bahn den Strom hinauf", auf der das hochzeitliche Heuschiff „langsam überquer gefahren kommt" (87 f.). Das Naturbild malt die Hochzeitsfeier aus, im Drehen und Treiben des dunklen Bootes, im Ziehen des silbergrauen Stromes zwischen den schlafenden Ufern und Felsen und im Wechselspiel von Waldschatten und Mondlicht.

Bedeutsam sind auch die wechselnden Farben der Natur. Es wiederholen sich symbolträchtig die Farben Rot/Grün, Blau/Schwarz und Gold.

Rot und Grün gehören zur Sphäre des Brachackers, der „grünen Wildnis" (8) mit ihren feuerroten Mohnblumen. Rot und grün ist, wie gezeigt (S. 27 dieser Arbeit), das Pflanzenkleid der unheimlichen Puppe. Von feuerrotem Klatschmohn überwachsen ist auch die verhängnisvolle Steinpyramide.

Die beiden Farben signalisieren Wildheit, entfesselte Leidenschaft und elementare Naturkraft. In der Liebesszene auf dem Feld (44) drückt Sali seine Freundin in die Mohnblumen. Sie flicht sich einen Kranz von Mohnblumen. Später schlägt sie ihr Vater, „daß der rote Kranz herunterflog" (47). Sie wiederum legt ihrem Vater eine rote Klatschrose auf die Lippen, um zu sehen, ob er noch atmet (47). Im Paradiesgärtlein stechen die Farben Rot und Grün unter den Tänzern besonders hervor.

Mit dem „glänzenden Blau" des Flusses (39) und dem „tiefblauen Himmel" (zweimal auf S. 45), den die Liebenden über sich sahen „und sonst nichts von der Welt" (45), deutet sich bereits das todessehnsüchtige Ende an. Keller hat das Blau der Romantik programmatisch zwar bekämpft, aber dabei spielte wohl auch Selbstverleugnung mit. Er verwendet das Blau durchaus als Gefühlsfarbe, um verlockende Fernesehnsucht auszudrücken.

> „Im Südwesten lagen die Alpen … ein Meer von leuchtendem Weiß und tiefem Blau … gewaltig und nah an das Gemüt rückend, und doch so lautlos, unbeweglich und fern."[148]

Fr. Th. Vischer erkannte die geheime Romantik seines Freundes:

> „Keller versteht es, um das Lebenswahre den Schleier zu ziehen, der ihm den Zauber des ahnungsvollen Traumes gibt."[149]

Das Blau des sommerlichen Flusses verdunkelt sich am Schluß der Erzählung zum nächtlichen Schwarz zwischen „hohen dunklen Wäldern" (87). Die Verlockung des blauen Flusses und des tiefblauen Himmels wird zu einer Verlockung zum Tode.

Die Farbe Gold spielt bei Keller eine besondere Rolle. In einem goldenen Turmhahn sieht der Grüne Heinrich als Kind das Bild Gottes, der ihm als Geistwesen nicht faßbar war.

> „Das Kirchendach versank nach und nach in grauen Schatten, das Licht klomm an dem Türmchen hinauf, bis es zuletzt nur noch auf dem goldenen Wetterhahne funkelte, und eines Abends fand ich mich plötzlich des bestimmten Glaubens, daß dieser Hahn Gott sei."[150]

Immer wieder aber begegnet uns im Erzählwerk Gold als Ausdruck der friedlichen Ausgeglichenheit von Natur und Seele. Die „Landschaft … lag mit Feldern und Wäldern friedvoll und doch so freudenvoll im Glanz der Nachmittagssonne wie im reinsten Golde."[151] Im Gold der Sonne liegen auch alle Glücksbegegnungen von Vreni und Sali. Die gleiche goldene Septembersonne überstrahlt ihre Kindheit wie ihre Liebeswanderung. Sie bauten sich einen „engen Kerker in den goldenen Ähren" (45). Der rotgoldene Widerschein des Mondes auf dem Wasser schließlich leitet sie aus dem Leben.

Die kindliche goldene Gottesvorstellung des Grünen Heinrich hat der Agnostiker Keller umgedeutet in die Sehnsucht nach dem Frieden Gottes.

4.3 Märchenmotive und magische Rituale

Fontane hat den märchenhaften „Brüderchen- und Schwesterchen-Ton"[152] im zweiten Teil der Novelle bemängelt. In der Tat, die Erzählung hat Märchenzüge, aber ist das ein Mangel?

„Seine abstrakte Stilisierung" gibt dem Märchen „Helligkeit und Bestimmtheit", sagt Lüthi.[153] „Seine Helden sind nicht die Gewichtigen, Bevorzugten oder Gezeichneten, sondern die Unbeschwerten, die Isolierten."[154]

Vom Stil dieser Abstraktheit ist die Erzählung etwa ab S. 60, dem Beginn der Kirchweihwanderung, geprägt. Sie enthält die märcheneigenen Elemente der Suchwanderung und der Jenseitsfahrt. Mit der dreimaligen Einkehr zeigt sie eine durchsichtige rhythmische Gliederung.

„Daß die Märchenhelden fast immer Wanderer sind, ist ein psychologisch klarer Symbolismus. Das Wandern ist ein Bild der Sehnsucht."[155]

Die Unbekümmertheit des wandernden Paares, das vergißt, „was am Abend werden soll" (64), ist märchentypisch. Einen „versonnenen Träumer" nennt Hedwig von Beit den Märchenwanderer, „der sich von einer himmlischen Heimat angezogen fühlt."[156] Die beiden Liebenden haben etwas Sonntagskinderhaftes. An einem Sonntag, sonntäglich gekleidet, wandern sie mit dem feierlichen Geleit von Kirchenglocken (64), ohne vorgefaßtes Ziel. „Wo gehen wir zuerst hin?" fragt Vreni. „Ordentlich über Land", antwortet Sali (63). „Die Märchenwanderung ist ein Angezogensein und Fortgerücktwerden in eine ungekannte Ferne."[157]

Auch zahlreiche Einzelmotive tragen Märchenzüge. Da ist zunächst das Königskindermotiv. Als „Königssohn“ empfindet sich Sali in seinem Liebesglück (33), wie eine „Prinzeß“ erscheint die feiertäglich geschmückte Vreni ihrer vierschrötigen Nachbarin (60). Die Volksliedzeile „sie konnten zusammen nicht kommen“ erklingt als Zitat: „Es ist ewig aus, wir können nicht zusammenkommen“ (48).

Vreni in ihrer Häuslichkeit, Armut und sozialen Benachteiligung hat Züge des Aschenputtels. Dazu stimmt auch der frühe Tod der Mutter und das Motiv der Schuhanprobe (55; 58) durch ihren „Prinzen“, nach Therese Poser ein erotisches Motiv.[158] „Sali … hielt den Fuß fest in seinen Händen, länger als nötig war, so daß Vrenchen, noch tiefer errötend, zurückzog, den verwirrten Sali aber noch einmal stürmisch umhalste und küßte“ (55). Fast als hätte der gute Geist der Mutter aus dem Jenseits mitgewirkt, findet der überraschte Sali nach der Rückkehr aus der Stadt seine arme Braut festlich gekleidet, zwar nicht von einem „Bäumchen-rüttel-dich“, wohl aber durch den ihr anerzogenen Reinlichkeitssinn der Mutter, „welche von guter Art war“ (19).

„Fromm und gut“ wird Aschenputtel genannt, „sittig und ehrbar“ ist Vreni (65).

Die Tanzschuhe,[159] das Tischlein-deck-dich-Wunder in den Wirtshäusern, die Einkehr in das Zauberschloß, genannt Paradiesgärtlein, die Märchenzahl Zwölf („… bis wir zwölf gezählt haben! küsse mich zwölfmal!“ (85)), das Eingeschlossensein Vrenis in ihrem Vaterhaus, das fast wie ein Dornröschenschloß von Blumen umwachsen ist, die ritterliche Verteidigung der Braut gegen den unholden Vater, all das sind, mehr oder minder deutlich, Zitate und Entlehnungen aus der Märchenwelt. Und doch werden Schluß und Ziel des Märchens nicht erreicht. Kellers Märchen endet ohne Märchenglück. Die seelische Disposition des Märchenhelden, der sich vertrauensvoll einem unbekannten Schicksal anheimgibt, ist zwar erfüllt, aber das Vertrauen wird nicht gelohnt. Die Bezeichnung Vrenis als „Glückskind“ in seiner „Herrlichkeit“ (62) wirkt tragisch ironisch. Am Ende steht keine Erhöhung, keine Erlösung, kein Heben des Schatzes. Die Liebenden kehren von ihrer Jenseitsfahrt nicht zurück.

Man kann von einer Kontrafaktur der Märchenform sprechen, so wie man die *Sieben Legenden* als Kontrafaktur der Heiligenlegende bezeichnet hat, weil sie eben nicht Diesseitsverleugnung und Jenseitserfüllung darstellen, sondern deren Gegenteil. So ist auch hier erfüllende Sinnhaftigkeit des Märchens trotz vieler zitathafter Formanklänge nicht erfüllt. Sogar die Farbe Gold, im Märchen das Symbol „hoher menschlicher und kosmischer Vollendung“[160], täuscht am Schluß; sie ist nur ein Lichtreflex auf den „kalten Fluten“ (88). An der Stelle einer heiter-triumphalen Märchenschlußformel (etwa: „So lebten sie vergnügt zusammen bis an ihr Ende“) steht die hämische Genugtuung eines Gazettenschreibers.

Der Märchenheld ist nicht nur „auf Helfer und Hilfe angewiesen, er empfängt solche Helfer wirklich, die Helfer stellen sich ein“[161]. Eine solche Helferfigur ist am Schluß der Erzählung der schwarze Geiger, ein Helfer ins Jenseits. Durch seine scherzhafte Trauungszeremonie im Wirtshaus erweckt er in den Liebenden den Gedanken ihrer Todeshochzeit. So wird der schwarze Geiger zur Hermesfigur, zum Geleiter an Styx und Acheron, als er mit seiner höllischen Musik die Bauernkinder auf den Hügel oberhalb des Flusses führt.

Die Jenseitsfiguren des Märchens haben oft die Gestalten von Waldgeistern. Der Teufel ist „der Herr des Waldes“ (H. v. Beit). Der schwarze Geiger ist im Wald zu Hause, dem dunklen Reich voller Gefahren und böser Verlockungen. Die instinktive Abneigung Vrenis, „dahin zu gehen“ (81), könnte auch tiefenpsychologisch im Sinne der Jungschen Archetypenlehre gedeutet werden.

Ziele der Jenseitswanderung sind außer dem Wald aber auch Berg und Wasser. Der Eingang ins magische Reich ist oft ein Loch im Berg oder ein Brunnen. Aber auch der Mond bezeichnet mitunter den Übergang in das unwegsame Jenseits, in Schlaf, Rausch und Bewußtlosigkeit. Im Mond sieht Hedwig von Beit „das Receptaculum der abgeschiedenen Seelen“, sie sieht „Wasser, Mond und Wald“ als „Aspekte des Unbewußten“.[162] Wasser, Wald, Felsen und Mond bilden auch die Szenerie für die letzte Fahrt der Liebenden (87). Keller hat hier – bewußt oder unbewußt? – aus dem tiefen Brunnen der Märchenmagie geschöpft.

Noch in einem weiteren Motiv berührt sich Keller mit magisch-dämonischen Überlieferungen; der vergrabene Puppenkopf erinnert an Märchentraditionen der Naturvölker. In den animistischen Kulten war der vergrabene Kopf ein verbreitetes Seelensymbol. Ein indonesisches Märchen berichtet, wie ein Mann den Kopf eines toten Bruders auf dem Feld vergräbt, aus dem dann ein Kokosbaum mit schädelförmigen Früchten aufwächst.[163] Eine Variante dieses Märchens gibt es in Venezuela.[164]

Das Ritual des Kopfvergrabens hat bannenden, apotropäischen Charakter. Oft aber rächt sich der Geist des Begrabenen an den Lebenden.

Daß Keller zu solch geheimnisvollen Urgründen der Seele und der Welt eine Beziehung hatte, zeigen manche Passagen im *Grünen Heinrich,* so die Geschichte des Meretlein mit dem Totenkopf und der durch den ganzen Roman wandernde Schädel des armen Albertus Zwiehan (s.a. das Kapitel „Das spielende Kind").

Er hat dann, wie im Falle Zwiehan, solche unheimlichen Erscheinungen mit Hilfe seiner Humorigkeit auf Distanz gerückt, aber in der Novelle sind sie ganz ungebrochen bedrängend und mächtig.

5
Ausblick auf den Erzählzyklus „Die Leute von Seldwyla"

„Festes geregeltes Handeln, praktische Tätigkeit und Selbstbeherrschung"[165] bezeichnete Keller als das moralische Programm seines autobiographischen Romans; es gilt auch für den Seldwyla-Zyklus.

Die unromantische, ja antiromantische Haltung, die in dem Bekenntnis zum Lebenspraktischen zum Ausdruck kommt, ist in *Romeo und Julia auf dem Dorfe* nur scheinbar durchbrochen. Der tragische Ausgang dieser Novelle hat nichts Weltflüchtiges; der Freitod der Liebenden vollzieht sich mit einer freudigen, bejahenden, klaren Bewußtheit. „Jetzt ging ihm endlich ein Licht auf ..., eine *glühende Klarheit erhellte* ihm die Sinne" (85), heißt es von Sali, als er seinen Todesentschluß faßt. Wie eine Travestie dieser blitzartigen Erleuchtung mutet dagegen der gleiche Entschluß Wenzel Strapinskis in *Kleider machen Leute* an: „Ja, jetzt ist es mir *klar und deutlich* vor Augen ... Nachdem ich einige kurze Tage des Glückes mit dir gelebt hätte ..., hätte ich mir den Tod gegeben" (Reclam Nr. 7470, 49). Auch Wenzel will ein kurzes Liebesglück mit dem Tod bezahlen, nur eben im Irrealis. Der Todesentschluß verwirklicht sich nicht, weil Nettchen ihn in einen Lebensentschluß umwendet – eine freundlich humane, humoristische Umkehrung des Freitodmotivs.

Der tragische Schluß von *Romeo und Julia auf dem Dorfe* ist untypisch für die Seldwyla-Novellen; typisch ist aber, daß auch hier eine Absage an die soziale Selbstaufgabe erfolgt. Nur die Vagabundenexistenz in den Wäldern oder eine entwürdigende Dienstbarkeit standen zur Wahl.

Der Tragödie der Bauernkinder, denen durch die Schuld der Väter der Weg in die Ordnung verwehrt war, für die sie geboren waren, folgt im Novellenzyklus die Geschichte des jungen Fritz Amrain *(Frau Regel Amrain und ihr Jüngster)*, der, gleichfalls durch die Schuld seines Vaters, in Gefahr ist, aus der bürgerlichen Ordnung herauszufallen. Vor dieser Gefahr wird er bewahrt durch das „feste, geregelte Handeln" seiner Mutter.

Das Scheitern oder das Gelingen einer Selbsterfüllung im Sozialen ist das die Seldwyla-Novellen durchziehende Motiv.

5.1 Das Problem der moralischen Freiheit

„Seldwyla bedeutet nach der älteren Sprache einen wonnigen und sonnigen Ort", heißt es in Kellers Vorrede zu dem Erzählzyklus. Der Name der mittelhochdeutschen Wortbestandteile Saelde = Glückseligkeit und wîler = Dorf in sich. Er ist eine ironische Erfindung. Allzu glückselig gebärden sich die Bewohner dieser fiktiven, aber doch vielerorts wiedererkennbaren Kleinstadt des 19. Jahrhunderts. „Sie lassen, solange es geht, fremde Leute für sich arbeiten und benutzen ihre Profession zur Betreibung eines trefflichen Schuldenverkehres, der eben die Grundlage der Macht, Herrlichkeit und Gemütlichkeit der Herren von Seldwyla bildet und mit einer ausgezeichneten Gegenseitigkeit und Verständnisinnigkeit gewahrt wird." (Vorrede zum 1. Band)

Seldwyla ist die Stadt der Spekulanten und Lotteriespieler, der verbummelten Biedermänner und Schöppchentrinker, die sich wie honorige Bürgersleute kleiden und aufführen, dabei aber das Wichtigste vergessen, die Bürgertugenden, nämlich Fleiß, frühes Aufstehen, Sparsamkeit, Nüchternheit, Wirklichkeitssinn und Umsicht.

Keller meint es ernst mit seinen Seldwyla-Geschichten; sie haben satirische Schärfe. Der „wonnige, sonnige Ort" ist keine biedermeierliche Oase, sondern der Ort, der den industriellen Aufbruch verschläft. Am Ende einer typisch seldwylerischen Existenz steht der Bankrott. Die Stadt ist „die Heimat des ökonomischen Mißgeschicks"[166].

Fast alle Seldwyla-Geschichten sind eine Frucht der Berliner Jahre, aber mit dem zweiten Band hat Keller sich Zeit gelassen. Erst 18 Jahre nach den ersten fünf Erzählungen erschien der vollständige zweibändige Zyklus.

In der Ausgabe von 1874 hat Keller *Romeo und Julia* aus der Mitte weg und an den zweiten Platz gerückt, umrahmt von *Pankraz der Schmoller* und *Frau Regel Amrain.* Diese Anordnung war sehr überlegt getroffen. Die „unglückliche Liebesnovelle" steht jetzt zwischen zwei stark dazu kontrastierenden Entwicklungserzählungen mit gutem Ausgang, sozusagen neutralisiert. (Auch darin kommt offenbar wieder die Skepsis des Autors gegen sein Geisteskind, die „verhängnisvolle Dorferzählung", zum Ausdruck.) Allerdings sind die beiden anderen auch in einem Einzelzug mit *Romeo und Julia* thematisch verwandt: Sowohl Pankraz als auch Fritz Amrain stehen vor der gleichen Gefahr des Selbstverlustes wie Manz und Marti, aber ihnen kommen gute Mächte zu Hilfe. Sie enden denn auch beide mit dem Märchenschluß, der *Romeo und Julia* versagt blieb: „Sie lebten alle zufrieden und wohlbegütert" (*Frau Regel Amrain,* Reclam Nr. 6174, 63), „er ward geachtet und beliebt" (*Pankraz der Schmoller,* Reclam Nr. 6171, 74).

„Keller heilt den Menschen von unerfüllbaren Phantasiewünschen, um ihn sicher in der Wirklichkeit anzusiedeln"[167]. Diese volkserzieherische Tendenz des Seldwyla-Zyklus kommt in *Frau Regel Amrain* am deutlichsten zum Ausdruck. Sie eignet sich daher zu einer kurzen kontrastierenden Betrachtung, die exemplarisch die moralphilosophische Position des herangereiften Erzählers belegen soll.

Wie kommt es mit der Familie Amrain zu einem so guten Ende, wo doch auch hier am Anfang ein Vater steht, der sich in Spekulationen und nichtiger Scheingeschäftigkeit verspielt?

Herr Amrain erwirbt einen Steinbruch und spielt jetzt den Unternehmer, d. h., er stellt ihn dar als Schauspieler seiner selbst. Er stattet sich dazu mit allen erforderlichen Requisiten und Kostümen aus: „mit breiten schönen Westen", zu denen er „mächtige Stücke Seidenzeug" verbrauchte. Er hat eine rote Brieftasche und einen eleganten Spazierstock, „auf welchem mit silbernem Stift ein Zollmaß angebracht war" (3 f.). So begibt er sich in seinen Steinbruch, nicht um nach dem Rechten zu sehen, sondern „die Honneurs zu machen" (5), und von dort trägt er das „Magnetgebirge seines Bauches" (4) zu gutem Essen und Trinken. Wie John Kabys in *Der Schmied seines Glückes,* der sich ein Firmenschild zulegt, bevor er eine Firma hat, verwechselt auch Amrain die äußerlichen Formen des bürgerlichen Geschäftsverkehrs mit der Sache selbst, ein „vollkommener Seldwyler" (4), der Schein und Sein nicht unterscheiden kann. Schließlich verspekuliert er sich in seinen Geschäftsspielereien und flieht vor dem drohenden Bankrott nach Amerika, Frau und Kinder im Stich lassend.

Die „Sünde" der Wirklichkeitsflucht, ein Grundthema des Kellerschen Erzählwerkes, wird mit gleicher satirischer Schärfe nur noch in John Kabys *(Der Schmied seines Glückes)* entlarvt.

Pankraz ist entlastet durch seine jugendliche Unreife; seine Flucht in den „ältesten, träumerischen Teil unserer Welt“ (Reclam Nr. 6171, 25), nach Indien, erwächst aus romantischer Sehnsucht und innerem Ungenügen. Herrn Amrain aber stehen solche Träume nicht zu, er ist nicht berechtigt zu solchen Flausen und abenteuerlichen Fluchten, er ist Familienhaupt und nicht mehr jung. In seiner Lebensuntüchtigkeit hat er auch nichts Liebenswertes, wie etwa Wenzel Strapinski; mit seiner ganzen Weinerlichkeit und Dicklichkeit ist er nichts als ein Versager.

Hier setzt der Sozialpädagoge Keller an. Mit der Frau Regel (eine kleine Huldigung an die Schwester Regula) stellt er den Seldwylern eine Realistin nach seinem Herzen gegenüber. Sie setzt auf „wirkliche Produktion“ (5), läßt im Steinbruch „fleißig und ordentlich arbeiten“ (5), sitzt „nach dem Nachtessen am Tische, das Geschäftsbuch und eine Menge Rechnungen“ (6) vor sich, kurz, „sie lenkte das Steuer anders, als es zu Seldwyla üblich war“ (6). Sie ist das Musterbild einer sympathischen Kapitalistin.[168]

Keller hat seine Seldwyla-Erzählungen als „Charakteristiken novellistischer Natur“ bezeichnet. Die Charaktere in *Frau Regel Amrain* sind paradigmatisch zu verstehen; Herr und Frau Amrain sind Musterfiguren der Lebensphilosophie Kellers. Deren Thema ist der moralische Gegensatz von Lebensflucht und Lebensbewältigung.

> „Die Moral meines Buches [des Grünen Heinrich] ist: daß derjenige, dem es nicht gelingt, die Verhältnisse seiner Person und seiner Familie im Gleichgewicht zu erhalten, auch unbefähigt sei, im staatlichen Leben eine wirksame und ehrenvolle Stellung einzunehmen. Die Schuld kann in vielen Fällen an der Gesellschaft liegen ... Im gegebenen Falle aber liegt sie größtenteils im Charakter ... und bedingt hierdurch eine mehr ethische Bedeutung des Romans.“[169]

Die Briefstelle zeigt den Einfluß Feuerbachs. Das Erlebnis der Heidelberger Vorlesungen liegt gerade ein Jahr zurück.

Feuerbach war für Keller weniger abstrakt-philosophisch als existentiell bedeutsam; er hat ihn mehr als Lebenshelfer denn als Anthropologen und Religionsphilosophen genommen. Sein zwischen Melancholie und Cholerik schwankender Charakter suchte nach Führung; er fand sie in Feuerbachs Diesseitigkeit, „die Raum ließ für eine begeisterte Freude an der sinnlichen Herrlichkeit des Lebens und doch mit strengen Worten den Ernst der Verantwortlichkeit im einzigen Diesseits betonte."[170]

Feuerbachs Realismus benutzte Keller als Mittel gegen seine Neigung zum weltflüchtigen, träumerischen Verharren im Unproduktiven, ja auch gegen seinen Hang zur Romantik, den er doch nicht verleugnen konnte, ja der sich „als übermächtig erwies, sobald er als Schaffender mit sich allein war."[171]

Vorerst aber fühlte er sich von Feuerbach aufgerufen, „seine Aufgabe zu erfüllen, da er keine Aussicht habe, das Versäumte in irgendeinem Winkel der Welt nachzuholen."[172] Im Erzählwerk wird dieser Aufruf zum Programm, Keller wird durch Feuerbach zum Pädagogen. In *Frau Regel Amrain* steckt eine in sich geschlossene Erziehungslehre. Um ihren Sohn vor der Fehlerhaftigkeit seines Vaters zu bewahren, faßt Frau Regel einen regelrechten Erziehungsbeschluß: „Sie beschloß, von Stund an alle ihre Treue und Hoffnung" auf ihn zu setzen. Sie „erzog ihn so, daß er ein braver Mann wurde in Seldwyl" (12).

Das bewerkstelligt sie nun mit kühler, rationaler, ganz unsentimentaler Überlegung. Beim Elementarsten setzt sie an, bei den Eßgewohnheiten, da sie den Sohn vor der abstoßenden Verfressenheit des Vaters bewahren will. „Trotz aller Regelmäßigkeit und Ausgiebigkeit [der Mahlzeiten] behandelte sie die Nahrungsmittel mit solcher Leichtigkeit und Geringschätzung, daß Fritzchen von selbst lernte, kein Gewicht auf dieselben zu legen" (13). Auch in allen anderen Lebensbedürfnissen lehrt sie ihn maßhalten: bei der Kleidung, beim Geldausgeben, beim Reden, bei den Gefühlen und bei den Mädchen, mit ganz wenig Worten und durch ihr persönliches Vorbild. So verkörpert sie das lebendige Ideal einer vernünftigen Mitte. Und ganz nebenbei vermittelt sie dem Herangewachsenen eine auskömmliche Existenz und eine liebevolle Frau.

Moralischer Rigorismus liegt ihr fern, ihr Ethos ist ganz pragmatisch: „Wenn Fritzchen eine Lüge vorbrachte, so sagte Frau Regel einfach, indem sie ihn groß ansah: ‚Was soll denn das heißen, du Affe? Warum lügst du solche Dummheiten? Glaubst du, die großen Leute zum Narren halten zu können? Sei du froh, wenn dich niemand anlügt, und laß dergleichen Späße'" (15).

Die Krönung der Erziehungsbemühungen Frau Amrains liegt in ihrem Aufruf zum vernünftigen Gebrauch der demokratischen Freiheit. Fritz ist in Gefahr, ein Extremist zu werden. Auch hier liegt ein biographischer Bezug. Das Freischärlerwesen der Sonderbundkonflikte in den vierziger Jahren hatte Keller mächtig angezogen (s. Karikatur).

Gottfried Keller als Freischärler (Tambour)
Aquarell von Johannes Ruff, 1845

Dies war auch die Epoche seiner kämpferischen politischen Lyrik, mit der er sich bei den Liberalen engagierte. Der unrühmliche Freischarenzug des Fritz Amrain ist eine mild satirische Abrechnung des Dichters mit dieser Geschichtsepoche und mit sich selbst. In diesem Fall hält sich die Mutter sehr zurück, sie achtet das Ehrgefühl des Sohnes. Sie läßt ihn seine nicht ganz ungefährlichen Erfahrungen machen, die ihn ernüchtern. Die Art, wie Frau Amrain mit heiterer, liebevoll spöttischer Überlegenheit ihren Sohn die bitteren Folgen seiner Niederlage ganz auskosten läßt, die Herzlichkeit, mit der sie ihren jungen „Helden" auslacht, das ist mit einer Anmut erzählt, in der Kellers fröhliche Philosophie der Weltbejahung ganz strahlend zum Ausdruck kommt (44 ff.).

Ganz entschieden und energisch aber reagiert Frau Regel, als Fritz sich später, sei es aus politischer Resignation oder aus Faulheit, seiner Wahlpflicht entziehen will. „Hier habe ich dir Rock und Hut gebracht, nun tu mir den Gefallen und geh zu den Wahlen" (50). Mit sanfter Gewalt lenkt die Frau ihren Sohn zwischen den Gefahren „übel gewendeter Tatkraft" (32) und egoistischer Tatverweigerung hindurch zu einer geduldigen, unaufgeregten, aber entschlossenen politischen Tätigkeit, „sicher vor jeder unbedachten Kampflust" (46).

Am Schluß der Erzählung ergibt sich eine kleine motivliche Parallele zu *Romeo und Julia*, die aufschlußreich ist. Der heruntergekommene Bauer Manz erkennt, als er seinen Sohn ansieht, in ihm sein besseres Selbst, „seine eigene Jugend" und empfindet „unwillkürliche Achtung" vor ihm (22). Vater Amrain sah nach seiner späten Heimkehr aus der Fremde in seinem Sohn „ganz erschrocken sein junges Ebenbild eintreten" (59). Er sieht ihn an „mit der verlegenen Unverschämtheit des Zerfahrenen" (59). Das hat einen tragischen Zug. Das Schicksal aber war nicht unausweichlich. Auch dem Vater stand einmal die Wahl offen, „ein braver Mann in Seldwyl" zu werden; er hat von seiner Freiheit schlechten Gebrauch gemacht. Die Gefährdung des Menschen resultiert aus sittlicher Verfehlung. Keller ist mehr ein Menschenkritiker als ein Sozialkritiker.

Der gute Märchenschluß der Erzählung kommt aus der heilenden Kraft der Familie, die von der Mutter bewahrt und bewußt gestaltet worden ist. Durch Überzeugung und Erziehung hat sie ihr Kind vor den Gefahren errettet, die aus seinem Charakter kamen. Sie hat es auch vor den Folgen der schlechten Wirtschaftsführung seines Vaters bewahrt, indem sie sich zu einer erfolgreichen Unternehmerin ausbildete. Fritz blieb dadurch Salis Schicksal erspart. Und zum allerbesten Schluß gelingt es ihr sogar, ihren Mann zu „einem gelassenen und zuverlässigen Teilnehmer an der Arbeit" zu machen (62).

Die Seldwyla-Erzählungen verkünden den Glauben an die Lenkbarkeit, Überzeugbarkeit und Erziehbarkeit des Menschen, den Glauben an seine moralische Freiheit. Einzig in *Romeo und Julia*, der „verhängnisvollen Dorfgeschichte", blieb die Verheißung der menschlichen Autonomie unerfüllt. Auch in der humanistischen Glaubenszuversicht bleibt ein Rest von Tragik.

Unterrichtshilfen

1
Didaktische Aspekte

Als 1919 die Zentralschulpflege von Zürich die Novelle *Romeo und Julia auf dem Dorfe* den Oberklassen der Primar- und Sekundarschulen als Deutschlektüre empfahl, empörte sich eine Kantonszeitung: „... Die Hochzeitsnacht auf dem Heufuder – eine Kinderlektüre!!! Modern ist man in Zürich!“[173]

Übertriebene Modernität wird man heutzutage einem Lehrer nicht mehr vorwerfen, der die Novelle in seinen Deutschunterricht hineinnimmt. Die Wahl ist schon durch die unbestrittene literarische Qualität gerechtfertigt. Deutschunterricht will allerdings mehr leisten als die Tradierung guter Literatur.

> „Wenn Literatur ein für die Bewahrung von Identität, für Ich-Entwicklung unentbehrliches Medium ist ..., weil die Menschen in der Literatur ausmachen, als was sie die Welt verstehen und wozu, dann stellt sich das Auswahlproblem immer und erst recht für den Literaturunterricht als ein normatives.“[174]

Die Thematik der Novelle, die Unbedingtheit eines Liebesanspruchs, der mit gesellschaftlichen Normen in einen tödlichen Konflikt gerät, die Einsamkeit der Liebenden in einer ihnen feindlich gesinnten Welt, hat heute wie eh und je für junge Menschen eine existentielle Bedeutung. Die leichte Antiquiertheit des Textes, der in eine fremd gewordene, überholte Sozialordnung führt, ist dabei kein Nachteil; sie wirkt geradezu als Verfremdungseffekt, der die Thematik schärfer konturiert und erkennbar macht.

Der Deutschunterricht sucht Stoffe, die seinen Schülern nacherlebbar sind. Gleichzeitig will er aber seine Schüler vom erlebnishaft naiven Werkverständnis zu einem reflektierten voranbringen. Die Novelle ist dazu geeignet. Ihre behutsam konzipierte Behandlung in Sek. I, die zwischen Einfühlung und Begrifflichkeit einen Mittelweg suchen sollte, kann den Übergang zu einem, wenn nicht wissenschaftlichen, so doch wissenschaftspropädeutischen Literaturverständnis eröffnen. Sie kann dem Schüler Beziehungen zwischen literarischer Fiktion und sozialer Wirklichkeit zeigen, die sozialhistorische Bedingtheit moralischer Normen, aber auch literarische Formelemente, literarhistorische Epochenordnungen und die Rezeptionsgeschichte. (Der Text ist dadurch auch besonders geeignet für einen Ergänzungskurs der Vorstufe.)

2
Zur didaktisch-methodischen Literatur

Fünf Arbeiten, deren unterrichtsmethodische Anregungen dem Lehrer Hilfe bieten können, seien hier kurz charakterisiert. Die etwas willkürlich anmutende Auswahl soll den didaktischen Betrachtungswandel exemplarisch verdeutlichen, der sich in den letzten dreißig Jahren vollzogen hat.

Rudolf Kreis (*G. K.: Romeo und Julia auf dem Dorfe* in der Reihe „Literatur und Geschichte, Unterrichtsmodelle", bei Diesterweg, Frankfurt a. M., 1974) verbindet eine Textausgabe der Novelle mit einer Materialiensammlung. Eine Fülle von textrelevanten Briefstellen, Tagebuchnotizen, biographischen Fakten und zeitgenössischen Kritiken wollen der „Bestimmung des gesellschaftlichen Standortes Gottfried Kellers" dienen. Es folgen Quellentexte zur Philosophie Ludwig Feuerbachs, zum soziokulturellen Umfeld des Textes und zur literarischen Gestaltung. Der Anhang endet mit Auszügen aus der sozialistisch-realistischen Literaturtheorie (Lukàcs, Brecht), einem Interpretationsbeispiel, einem Vergleichstext von Auerbach und einem Wortglossar. Der Schüler bekommt auf diese Weise zu 45 Seiten Novellentext einen Appendix von 78 Seiten Sekundärtext in die Hand. Der Lehrer wird dankbar sein für die Lieferung von schwer greifbaren Quellentexten, wie z. B. Feuerbachs *Wesen des Christentums* in Auszügen. Für den Schüler allerdings besteht die Gefahr, daß ihm die Sicht auf den Primärtext von den Hilfsmaterialien verstellt wird.

Die Ausgabe kommt dem Trend der siebziger Jahre zur literatursoziologischen Betrachtung entgegen. Die Tendenz, die Novelle als Widerspiegelung frühindustrieller Verhältnisse zu interpretieren, wirkt etwas aufdringlich und einseitig.

Karl Guthke steht in seinem DU-Aufsatz (9/1959) dagegen noch ganz in der Tradition der motivvergleichenden Literaturbetrachtung, die es heute für den Deutschunterricht wiederzuentdecken gilt. Er kontrastiert das bei Keller häufig wiederkehrende Motiv des Wanderers (Grüner Heinrich, Pankraz, John Kabys, Hadlaub) mit der Wanderung-Symbolik der Hochromantik (Eichendorffs *Taugenichts;* Tieck, *Sternbalds Wanderungen*). Dabei sieht er Kellers Wanderergestalten geradezu als „Kontrafaktur des romantischen Wanderers". Kellers realistische Gestaltungsprinzipien werden mit Hilfe dieses Vergleiches stilkritisch präzise beschrieben. Die Charakterisierung von Kellers realistischer Landschaftsdarstellung mit ihrer antiromantischen Wirklichkeitstreue läßt sich übertragen auf die Kirchweihwanderung Vrenis und Salis. Guthkes Methode des Motivvergleichs ist geeignet, dem Schüler sowohl sprachlich stilistische Differenzierungen als auch literarhistorische Entwicklungslinien deutlich zu machen.

Udo Kultermann (in DU 8/1956) untersucht die reichhaltige Metaphorik der Novelle. Er sieht die Dingsymbole als „strukturgebende Faktoren der Erzählhandlung". Seine Methode des Aufsuchens und Zusammenstellens von Bildkomplexen (Haus, Stein, Strom, Gestirn) kann in vereinfachter Form schon dem Schüler in Sek. I als Aufgabe gestellt werden (s. Unterrichtsplanung Std. 5 u. 7). Sie erzieht zum genauen, geduldigen, aufmerksamen Lesen und weckt das Verständnis für die Besonderheit der Dichtersprache.

Mary E. Gilbert (in Wirk. Wort 4/1953) legt in ihrer feinsinnigen Interpretation das subtile Flechtwerk von Assoziationen, Leitmotiven, Metaphern, Ding- und Farbsymbolen bloß, das den besonderen sprachkünstlerischen Wert der Novelle ausmacht. In der Verbildlichung wilder Vitalität, ungebundener Natur und elementarer Gewalt sieht sie die Auflösung der moralischen Persönlichkeit symbolisiert, die für Keller ein lebensphilosophisches Problem war seit seiner Begegnung mit Feuerbach. Der kunstsinnige und tiefgründige Aufsatz ist eine gute Hilfe für die vertiefende Lektüre in der Oberstufe.

Der Aufsatz von *Rudolf N. Maier* (in DU 3/1951) wirkt dagegen etwas hausbacken. M. vergleicht die Novelle mit John Steinbecks Roman *Grapes of Wrath* (*Die Früchte des Zorns*) und zieht daraus Schlüsse auf das Ethos moderner und traditioneller Landwirtschaft im Stil einer überholten Kulturkritik. Von größerem Wert ist die Gegenüberstellung von drei Frauengestalten bei Jean Paul, C. F. Meyer und Keller. Mit dieser stilkritischen Kontrastierung umschreibt Maier den Eindruck von Lebensfrische und Natürlichkeit, den Kellers Personendarstellungen trotz oder gerade wegen ihrer realistischen Kühle vermitteln. Rührend altmodisch wirkt dagegen das Lebenshilfe-Pathos, das in den fünfziger Jahren noch den Deutschunterricht bestimmte:

> „Keller sollte den Jugendlichen erst kurz vor dem Verlassen der höheren Schule gereicht werden – als Angebinde für das ganze Leben. Denn wer einmal den Geschmack dieser Gewächse innig gekostet hat, wird immer wieder zu ihnen zurückkehren" (63).

3
Unterrichtssequenz für die Sekundarstufe I

Für die Mittelstufe empfiehlt sich die kursorische Lektüre und die abschnittsweise Besprechung, wie sie im nachfolgenden Unterrichtsmodell vorgeschlagen wird. Die Jahrgangsklasse mit ihrer breiten Begabungsstreuung erfordert ein schrittweises, geduldiges Vorgehen. Um so mehr sollte zu genauem, gründlichem Lesen angehalten werden, zu einer Fähigkeit also, die in einer Zeit der Textüberflutung verlorenzugehen droht.

Verwendete Abkürzungen:

GA = Gruppenarbeit	LV = Lehrervortrag
GK = Grundkurs	Ref = Referat
HA = Hausaufgabe	SV = Schülervortrag
KRef = Kurzreferat	UG = Unterrichtsgespräch
LK = Leistungskurs	

Verlaufsplan

Std.	1	2	3	4
Didaktischer Aspekt	Die Darstellung sozialer Wirklichkeit durch das Mittel dichterischer Erzählung	Das Sichtbarmachen von Schuld und Gewissen durch den Erzählgang	Das Sichtbarmachen der sozialen Entwurzelung durch kontrastierende Darstellung sozialer Verhältnisse	Das Sichtbarmachen von Tragik durch die Liebeshandlung
Texte und Themen	S. 3–12 (der Erzählanfang): – Erschließen der inhaltlichen und personalen Zusammenhänge – Erschließen der Vorgeschichte – Erschließen des sozialen Umfeldes – Erkennen „realistischer" und „poetischer" Stilmerkmale	S. 12–23 (der Rechtsstreit): – Vergleich S. 3–4 mit S. 17–18: Das Erscheinungsbild der Bauern vor und nach dem Landraub – Vergleich S. 3 mit S. 15: Die Widerspiegelung des Geschehens im Bild des Brachackers	S. 23–35 (der Bauer als Schankwirt): – Erklärung des Wortes „Fallit" – Bedeutung des Eigentumsverlustes in der bürgerlichen Gesellschaft des 19. Jh. – Wirkungen der sozialen Entwurzelung auf den Bauern Manz	S. 35–48 (die Liebe der Bauernkinder): – Der Titel der Novelle (s. a. Mat. 5,6) – Die Gestalt des schwarzen Geigers – Die Begriffe „Tragik" und „tragische Ironie" – Ausblick auf den Schluß (Antizipationen des Schlusses S. 35–48)
Methodische Hilfen/ Impulse	– LV über die schweizerische Dorfgemeinde im 19. Jh. (s. E. u. D., S. 77 ff.): Besitzverhältnisse, Heimatrecht, Armenfürsorge, Verhältnis Stadt/Land – Vergleich mit Erzählanfängen aus anderen literarhistor. Epochen	Stillarbeitsphasen: Sammeln von Textbelegen zu den Komplexen „Schuld" und „Gewissen"; Sichtung und Ordnung der Belegstellen; Besprechung der Ergebnisse	Aufzeigen von Kontrasten: Freies Feld/Wirtshaus (27), Pflügen/Fischen (29), Händeschütteln/Prügeln (32); weitere kontrastive Textstellen aufsuchen, sichten, deuten	Verständnisfrage: Was meint der schwarze Geiger, wenn er sagt: „Ich will euch geigen, wenn ihr tanzen wollt"?
Leitfragen und Aufgaben	Wie heißt der „Novellenkranz", dem die Erz. entnommen ist? Was bedeutet sein Titel? (Schlagen Sie nach in einer Werkausgabe.) Sachreferate: Der einscharige Pflug; Landwirtschaft im technischen Wandel …	Welche Stellen auf S. 1–23 geben besonderen Aufschluß über die Personen Manz, Marti, Vreni und Sali? HA: Personenbeschreibung der Bauern Manz und Marti (äußere Erscheinung und Charakter)	Wie soll man sich eine Stadt wie Seldwyla um 1850 vorstellen? (Suchen Sie passende zeitgenössische Bilder.) HA: Ein Dorfgenosse erzählt, wie er den Bauern Manz als Schankwirt in Seldwyla getroffen hat.	Was heißt „Tragik"? (Vgl. die Definitionen *verschiedener* Nachschlagewerke.) Schülerreferat: Shakespeare, *Romeo und Julia* (Dichter, Entstehungszeit, Dramenhandlung)

Std.	5	6	7	8
Didaktischer Aspekt	Die Dingsymbolik als Mittel der Erzählung	Die tragische Konsequenz des Erzählschlusses	Gestaltungsmittel des poetisch-realistischen Erzählers	Literarhistorische Einordnung
Texte und Themen	S. 48–63 (Auszug aus dem Dorf): – Die sozialen u. existentiellen Folgen des „Unbehaustseins" für die Bauernkinder – Der Begriff „Symbol" – Die symbolische Bedeutung des Wortes „Haus"	S. 63–Schluß (Wanderung und Tod): – Rat und Ausweg des schwarzen Geigers (80) – dagegen: Salis Vorschlag (83 u.) – Die Unvereinbarkeit bürgerlicher und außerbürgerlicher Lebensformen	Gesamtbetrachtung: – Gliederung der Erzählung im Rückblick – Mittel der variierenden Wiederholung (der Acker als wiederkehrendes Szenarium u. a. m.) – Mittel der Symbolisierung – Mittel der Kontrastierung	Besprechung des Schülerreferats (Aufgabe 7), ergänzende Informationen des Lehrers über Gottfried Keller
Methodische Hilfen/ Impulse	Gegenüberstellung: das verfallene Haus (37)/das Traumhaus (60 f.)/das „Gartenhäuschen" (63): Kontraste zwischen Traum und Wirklichkeit	Unterrichtsgespräch über die Schlußvariante von 1856 (Mat. 4)	Vor- und zurückweisendes Lesen – Aufsuchen von symbolhaltigen Motiven: Acker, Fluß, Wildnis, Stein, Stern, Pflanzen	Schwerpunkt: Kellers Wandlung vom Romantiker zum Realisten
Leitfragen und Aufgaben	Welche sozialen Folgen hat der Verlust des Vaterhauses für die Bauernkinder? HA: Vorauslesen bis S. 80; Sammeln und Sichten von Textstellen zum Symbolbegriff „Haus"	Ist der tragische Schluß der Novelle unausweichlich? HA: Schriftliche Stellungnahme zu Servaes' Kritik (Mat. 11)	Was ist ein Erzählmotiv? Schülerreferat: Gottfried Keller, Leben und Werk	Lassen sich Beziehungen zwischen Kellers Lebensschicksal und seinem literarischen Werk zeigen? Vergleichen Sie den romantischen Erzählanfang in Mat. 10 mit Kellers Erzählanfang

Klausurvorschläge

1. „... er bewahrte noch das frühere Bild seines Vaters wohl in seinem Gedächtnisse."
   - Ordnen Sie das Zitat in den Erzählzusammenhang ein.
   - Worin bestand für Sali früher die Vorbildlichkeit seines Vaters? Wodurch ist dieses Vorbild zerstört worden?
   - Wie wirken die ursprünglichen Ordnungsvorstellungen ihrer Eltern in Vreni und Sali weiter?

   (Belegen Sie Ihre Aussagen durch geeignete Textstellen.)
2. „... abermals ein Zeichen der um sich greifenden Entsittlichung und Verwilderung der Leidenschaften" (88)
   - Auf welches Ereignis bezieht sich dieser Satz? (Geben Sie es in der Form des Zeitungsberichtes wieder.)
   - Warum ist das moralische Urteil ungerecht?
   - Ist dieser Satz ein guter oder ein schlechter Erzählschluß? (Begründen Sie Ihre Meinung.)
3. „Es ist aus, es ist ewig aus, wir können nicht zusammenkommen!" (48)
   - Stellen Sie den Ausruf Vrenis in seinen Erzählzusammenhang.
   - Welche Gründe hat Vreni für ihre Meinung?
   - Stimmen Sie ihr zu, oder möchten Sie ihr widersprechen?

   (Nennen Sie Ihre Gründe.)

4
Additum für die Sekundarstufe II

In Sek. II kann der Gesamttext vor der Unterrichtsbehandlung zur Lektüre aufgegeben werden, zusammen mit dem Erläuterungsbändchen „E. u. D." (Reclam Nr. 8114). Dem Oberstufenschüler kann Spontaneität, Selbständigkeit und literarisches Interesse unterstellt werden. An Stelle eines Curriculum-Vorschlages steht daher für diese Stufe ein in vier Abschnitte gegliederter Aufgabenkatalog. Er ist in gleicher Weise geeignet als Vorgabe für die Unterrichtsthematik wie als Material zur häuslichen Präparation und für Schülerreferate.

Hausaufgaben/Referate

Zur Symbolik

1. Stellen Sie fest, wie oft und in welchen Zusammenhängen das Wort „Stein" auf S. 3–48 vorkommt. Versuchen Sie, seine symbolische Bedeutung darzustellen.
2. In welchen Zusammenhängen werden die Wörter „Wildnis", „wild" und „verwildert" gebraucht? Setzen Sie dazu in Kontrast die Wörter

„Ordnung“ und „geordnet“. Wie spiegelt sich in diesem Gegensatz das bäuerliche Leben und seine Gefährdung ab?

3. Verfolgen Sie durch den ganzen Erzählgang das Motiv „Haus“. In welchen Formen erscheint es? (z. B. Bauernhaus ...) Wo zeigt es eine metaphorische Bedeutung? Welche Kontrasttypen von Häusern gibt es? Wie und wo deuten sich symbolische Bezüge an? In welcher Beziehung zum Motiv „Haus“ steht das Gespräch mit der Nachbarin? (59–62)
4. Verfolgen Sie in gleicher Weise die Motive „Feld“ und „Fluß“.
5. Aus welcher Überlieferung stammt die Vorstellung vom „Himmlischen Jerusalem“ (35)? Was war ihre ursprüngliche religiöse Bedeutung? Wozu hat der Dichter sie abgewandelt?
6. Wo finden sich andere religiöse Motive und Bilder in aufschlußreicher Abwandlung?
7. Könnte man auch das Vergraben des Puppenkopfes (10) als ein religiöses Motiv deuten?
8. Mit welchen bildhaften Mitteln hat der Erzähler die Liebesvereinigung und den Tod Vrenis und Salis gestaltet?

Zur Tragik

1. Welche Ordnungs- und Wertvorstellungen kommen in der Erzählung zum Ausdruck?
2. Welche Motive bewegen die Bauern zum Landraub?
3. Wie kommt es zum sozialen Abstieg der Bauern?
4. Wie verhalten sich die Dorfgenossen gegenüber den Bauern nach ihrem Abstieg?
5. Welche sozialfürsorgerischen Maßnahmen der Gemeinde sind zu erkennen?
6. Welche Beziehung hat Manz vor dem Verlust seines Hofes zur Stadt Seldwyla? Welche danach?
7. Welche sozialen Chancen haben Sali und Vreni nach dem Verlust der Höfe?
8. In welchen sozialen Verhältnissen und Beziehungen leben die Bauern, in welchen lebt der schwarze Geiger mit seinem Anhang?
9. Beschreiben Sie die gegenseitigen Beziehungen der beiden Sozialsphären.
10. Warum schlagen Sali und Vreni das Angebot des schwarzen Geigers aus, mit ihm in den Wäldern zu leben?

Zur literarischen Einordnung

1. Informieren Sie sich über den Novellenzyklus *Die Leute von Seldwyla.* Welche Titel umfaßt er? In welcher Folge sind sie angeordnet? Wodurch sind sie einander zugeordnet?

2. Informieren Sie sich über Inhalt und Verlauf der Tragödie *Romeo und Julia* von Shakespeare. Welche Übereinstimmungen mit Kellers Novelle sehen Sie? Welche inhaltlichen und gestalterischen Unterschiede?
3. Lesen Sie die Keller-Biographie von Adolf Muschg (Frankfurt: Suhrkamp 1980, TB 617). In welchem Kapitel finden Sie besonderen Aufschluß über den Seldwyla-Zyklus? Wie interpretiert M. ihn? Welche besondere Bedeutung erkennt M. der Mutter Gottfried Kellers für das Lebensschicksal des Sohnes zu?
4. Suchen Sie Briefstellen von Gottfried Keller aus den Jahren 1848 bis 1855, die eine Beziehung zur Novelle *Romeo und Julia auf dem Dorfe* haben oder die zu ihrer Interpretation herangezogen werden könnten (greifbar in Paul Rilla: Gottfried Keller. Sein Leben in Selbstzeugnissen, Briefen und Berichten. Berlin 1943. Zürich: Diogenes TB 1978).
5. Die Literaturwissenschaft rechnet Gottfried Keller zur Gruppe der „poetischen Realisten". Informieren Sie sich über diesen Begriff mit Hilfe von Nachschlagewerken. Machen Sie sich die Gegensätzlichkeit von „poetisch" und „realistisch" aus dem Wortsinn klar. Überprüfen Sie die Stimmigkeit (oder Unstimmigkeit) der Kennzeichnung an *Romeo und Julia auf dem Dorfe.*
6. Welche unterschiedlichen Novellendefinitionen liefert uns die Wissenschaft? (Schlagen Sie nach und geben Sie jeweils eine kurze Zusammenfassung.)

Textvergleiche
1. Vergleichen Sie die Kinderspiele auf dem Acker (8–11) mit der ersten Begegnung der Liebenden (34–48). Welche Motive wiederholen sich? Welche Gestaltungsabsicht vermuten Sie hinter diesen Wiederholungen?
2. Welche Stellen der Erzählung geben besonderen Aufschluß über die Personen Manz, Vreni und Sali? Wählen Sie eine dieser Personen aus, um von ihr ein Charakterbild zu zeichnen.
3. Vergleichen Sie die Schlußfassung der Erstausgabe (1856) mit der Endfassung (1874). Welcher Schluß erscheint Ihnen erzählerisch wirksamer? Welche moralische Absicht des Autors kommt in der Urfassung zum Ausdruck?
4. Lesen Sie die Novelle *Frau Regel Amrain und ihr Jüngster*, und vergleichen Sie sie mit *Romeo und Julia auf dem Dorfe.* Worin kann man die gemeinsame Tendenz der beiden Erzählungen sehen?
5. Lesen Sie aus Kellers Erzählzyklus *Sieben Legenden* das *Tanzlegendchen.* Ist es eine echte Heiligenlegende? Ist die Figur der Musa mit Vreni zu vergleichen?

1. Vergleichen Sie die Landschaftsschilderungen auf S. 3; 30–33; 39; 63 bis 64; 84–88.
   – Bestimmen Sie den jeweiligen Zusammenhang zwischen Naturbild und Erzählsituation.
   – Beschreiben Sie die symbolische Widerspiegelung des Erzählganges im Wechsel des Landschaftsbildes.
2. Ist der tragische Schluß der Novelle eine zwingende Konsequenz der Erzählhandlung?
   – Beschreiben Sie die dargestellte sozialökonomische Situation.
   – Beschreiben Sie die Charaktere der Hauptpersonen.
   – Setzen Sie beides zueinander in Beziehung.
3. Stilkritischer Vergleich:
   Der Dorfroman *Barfüßele* von Berthold Auerbach erschien fast zur gleichen Zeit wie *Romeo und Julia auf dem Dorfe*, hatte aber einen weitaus höheren Auflageerfolg.
   Vergleichen Sie den folgenden Textauszug aus *Barfüßele* mit S. 8–9 in *Romeo und Julia auf dem Dorfe*. Zeigen Sie Motivübereinstimmungen, Unterschiede in der Charakterisierung der Kinder, der Naturschilderung und im Erzählton.
   Wie erklären Sie sich danach den Erfolg von *Barfüßele* beim breiten Lesepublikum? (Bei welcher Sorte von Literatur gibt es heutzutage Breitenerfolge, die ähnlich erklärbar sind?)

„Des Morgens früh im Herbstnebel wandern zwei Kinder von sechs bis sieben Jahren, ein Knabe und ein Mädchen, Hand in Hand durch die Gartenwege zum Dorf hinaus. Die Sperlinge in den Hecken zwitschern und fliegen in unruhigen Haufen auf beim Herannahen der Kinder. Eine Elster fliegt rasch auf vom Wege, feldein auf den großen Holzbirnenbaum, wo die Raben still hokken; sie muß ihnen etwas mitgeteilt haben, denn die Raben fliegen auf, kreisen um den Baum, und ein alter läßt sich auf der höchsten schwankenden Kronenspitze nieder, und die anderen finden auf den niederen Ästen auch gute Plätze zum Ausschauen; es verlangt sie wohl auch zu wissen, warum die Kinder mit dem Schulzeuge den verkehrten Weg einschlagen und zum Dorf hinauswandern; ja ein Rabe fliegt wie ein Kundschafter voraus und setzt sich auf eine geköpfte Weide am Weiher …

Jetzt spielen die Kinder voll Lust und Lachen am Teiche, und das Mädchen schien eigentlich zufrieden, daß der Bruder immer geschickter war und darüber triumphierte und ganz hitzig wurde; ja, das Mädchen machte sich offenbar ungeschickter, als es wirklich war, denn seine Steine plumpsten fast immer beim ersten Anwurfe in die Tiefe, worüber es weidlich ausgelacht wurde.“

(Aus: Berthold Auerbach: *Barfüßele.* 1854)

5
Materialien

Quellentexte und Varianten

t. 1 „Im Dorfe Altsellerhausen, bei Leipzig, liebten sich ein Jüngling von 19 Jahren und ein Mädchen von 17 Jahren, beide Kinder armer Leute, die aber in einer tödlichen Feindschaft lebten und nicht in eine Vereinigung des Paares willigen wollten. Am 15. August begaben sich die Verliebten in eine Wirtschaft, wo sich arme Leute vergnügen, tanzten daselbst bis nachts 1 Uhr und entfernten sich hierauf. Am Morgen fand man die Leichen beider Liebenden auf dem Felde liegen; sie hatten sich durch den Kopf geschossen."

(Züricher Freitagszeitung v. 3.9.1847. In: Fränkel u. Helbling (Hrsg.): Gottfried Keller, Sämtliche Werke, Bd. VII. Bern 1926–1949, 391)

t. 2 „Zwei stattliche, sonnengebräunte Bauern pflügen mit starken Ochsen auf zwei Äckern, zwischen welchen ein dritter großer brach und verwildert liegt. Während sie die Pflugschar wenden, sprechen sie über den mittleren schönen Acker, wie er nun schon so manches Jahr brach liege, weil sich der verwahrloste Erbe desselben unstät in der Welt herumtreibe. Frommes und tiefes Bedauern der beiden Männer, welche wieder an die Arbeit gehen und jeder von seiner Seite her der ganzen Länge nach einige Furchen dem verwaisten Acker abpflügt. Indem die Ochsen die Pflüge langsam und still weiter ziehen, und die beiden Züge hüben und drüben sich begegnen, setzen die beiden Bauern eintönig ihr Gespräch fort über den bösen Weltlauf, führen dabei mit fester Hand den Pflug und thun, jeder, als ob er den Frevel des andern nicht bemerkte. Die Sonne steht einsam und heiß am Himmel."

(Gottfried Keller: *Tagebuch*, September 1847. In: J. Baechtold (Hrsg.): Kellers Briefe und Tagebücher, Bd. I. Berlin 1894, 297)

t. 3 „Aus eines stromdurchzognen reichen Grundes
Gedehnten Feldern, Wäldern, Flur und Moor
Hebt eine Welle dieses Erdenrundes
Den breiten Rücken sonnbeglänzt empor.

Nicht eine Welle, die im Kampf sich ballte,
Mit scharfem Grat, von weißem Schaum gekrönt,
Nein! die noch langsam hin und friedlich wallte,
Als sich die Elemente ausgesöhnt.

Das Grün des Friedens kleidet ihre Lenden,
Ein zartes Grün von jungem Birkenhain;
Doch von der Höhe winkt den Menschenhänden
Der Ernte Gold im heitern Sonnenschein.

Dort dehnen sich drei mächtige Ackerlängen,
Drei Bänder über die sanfte Wölbung hin,
Wer in der Niedrung steht, sieht drüber den Himmel hängen
Und durch die Ähren die weißen Wolken ziehn.

Drei Äcker, eine wahre Augenweide
Für jeden, der geführt schon einen Pflug,
Die laufen neben einander über die Haide
In grader Flucht vor unseres Auges Flug.

Auf zweien dieser Äcker, die den dritten
In ihre Mitte schließen, war die Frucht,
Die unschätzbare, eben abgeschnitten,
Geführt schon in den Scheunen sichre Bucht.

Da lagen sie gestreckt in braunen Farben,
Die unzählbar die welke Stoppel lieh,
verlaßne Jugendheimat goldner Garben;
Der Sommermorgen nur überthaute sie.

(Gottfried Keller: *Fragment eines epischen Gedichtes*, Januar 1849. In: Fränkel u. Helbling (Hrsg.): Ges. Werke, a.a.O., Bd. VII, 392 f.)

Mat. 4 „Was die Sittlichkeit betrifft, so bezweckt diese Erzählung keineswegs die Tat zu beschönigen und zu verherrlichen; denn höher als diese verzweifelte Hingebung wäre jedenfalls ein entsagendes Zusammenraffen und ein stilles Leben voll treuer Mühe und Arbeit gewesen, und da diese die mächtigsten Zauberer sind in Verbindung mit der Zeit, so hätten sie vielleicht noch alles möglich gemacht; denn sie verändern mit ihrem unmerklichen Einfluß die Dinge, vernichten die Vorurteile, stellen die Ehre her und erneuern das Gewissen, so daß die wahre Treue nie ohne Hoffnung ist.

Was aber die Verwilderung der Leidenschaften angeht, so betrachten wir diesen oder ähnliche Vorfälle, welche alle Tage im niederen Volke vorkommen, nur als ein weiteres Zeugnis, daß dieses allein es ist, welches die Flamme der kräftigen Empfindung und Leidenschaft nährt und wenigstens die Fähigkeit des Sterbens für eine Herzenssache aufbewahrt, daß sie zum Troste der Romanzendichter nicht aus der Welt verschwindet. Das gleichgültige Eingehen und Lösen von ‚Verhältnissen' unter den gebildeten Ständen von heute, das selbstsüchtige frivole Spiel mit denselben, die große Leichtigkeit, mit welcher heutzutage junge Leutchen zu trennen und auseinander zu bringen sind, wenn ihre Neigung irgend außer der Berechnung liegt, sind zehnmal widerwärtiger als jene Unglücksfälle, welche jetzt die Protokolle der Polizeibehörden füllen und ehedem die Schreibtafeln der Balladensänger füllten. Wir sehen alle Tage etwa einen wohlgekleideten Herrn, der seine Frau oder Braut mitten auf der Straße plötzlich stehen läßt und auf die Seite springt, weil irgendeinem Schlächter eine alte Kuh entsprungen ist und bedrohlich dahergerannt kommt. Höchstens aus der Ferne, hinter einer Haustür hervor, schwingt er sein Stöckchen und macht: Bscht! Bscht! Solche Leute werden sich allerdings nicht aus Eigensinn und Leidenschaft ums Leben bringen, wenn man sie trennen will. Ebensowenig diejenigen, welche in allen Zeitungen ihre ‚stattgefundene' Verlobung anzeigen und vierzehn Tage darauf einen Inseratenkrieg führen, wo jeder stark sich rühmt und behauptet, das ‚Verhältnis' zuerst abgebrochen zu haben."

(Schluß der Novelle *Romeo und Julia auf dem Dorfe*, in der Erstfassung von 1856, in Heyses Ausgabe 1871 gestrichen.)

at. 5 „... Bei einer neuen Auflage, die hoffentlich nicht lange auf sich warten läßt, möge der Dichter einfach den Titel ‚Sali und Vreni' setzen und den Schluß getrost weglassen."

(Berthold Auerbach über *Die Leute von Seldwyla.* In: Augsburger Allgemeine Zeitung v. 17.4.1856)

at. 6 „Den schnöden Schluß von ‚Romeo und Julia' würde ich jetzt sicherlich streichen und werde es thun, wenn das Büchlein irgend wieder einmal abgedruckt wird. Dagegen muß ich den Titel der gleichen Erzählung etwas in Schutz nehmen. Erstens ist ja das, was wir selbst schreiben, auch auf Papier gedruckt und gehört von dieser Seite zur papiernen Welt, und zweitens ist ja Shakespeare, obgleich gedruckt, doch nur das Leben selbst und keine unlebendige Reminiszenz."

(Keller an Auerbach, 3.6.1856. In: J. Baechtold: Kellers Briefe und Tagebücher, a.a.O., Bd. II, 358. Auerbach hatte den Titel der Novelle eine „papierene Bildungsreminiszenz" genannt.)

at. 7 „... Soeben vernehme ich, daß meine schlechte Bemerkung am Schlusse von ‚Romeo und Julia' allerorts Anstoß erregt. Ich verspreche daher reumütig, dieselbe wegzulassen, wenn je wieder ein Abdruck nötig würde. Eigentlich war es mehr eine Herausforderung von mir, damit vielleicht irgend eine Hochgebildete empört und gereizt werden möchte ..."

(Keller an Ludmilla Assing, Berlin, 21.4.1856. In: J. Baechtold: a.a.O., Bd. II, 353).

at. 8 „... Ich bitte Sie also, in dem Exemplar, das Sie gebrauchen werden, entweder nach dem Satze ‚abermals ein Zeichen von der um sich greifenden Entsittlichung und Verwilderung der Leidenschaften' den Schwanz zu kappen, was sich malitiös und ironisch ausnehmen würde; oder den folgenden Absatz noch aufzunehmen und nach den Worten: ‚so daß die wahre Treue nie ohne Hoffnung ist' abzuscheiden, was dann mehr tugendhaft und wohlmeinend klänge."

(Keller an Paul Heyse anläßlich des Neuerscheinens der Novelle in der Sammlung Deutscher Novellenschatz, 1871. In: C. Heselhaus (Hrsg.): Gottfried Keller, Sämtliche Werke und ausgewählte Briefe, Bd. III. München: Hanser 1970, 1188)

at. 9 Die Beziehung zu Betty Tendering (drei Briefstellen)

a)

„... Es sind seither allerlei Leiden und Leidenschaften über mich ergangen, habe mich aber so männlich aufrecht gehalten, daß ich doch vor einiger Zeit imstande war, verschiedene Leute zu prügeln ..."

(An Freiligrath, Berlin, im Oktober 1855)

b)

„... Ich hätte mich auch diese letzten Monate unfehlbar nachgeholt, wenn mir der Teufel, nach fünfjähriger guter Ruhe, nicht eine ungefüge Leidenschaft auf den Hals geschickt hätte, die ich ganz allein seit dreiviertel Jahren auf meiner Stube verarbeiten muß und die mich alten Esel neben dem übrigen Ärger, Zorn und mit den Schulden um die Wette zwickt und quält. Ich sage Ihnen, das größte Übel und die wunderlichste Komposition, die einem Menschen passieren kann, ist hochfahrend, bettelarm und verliebt zu gleicher Zeit zu sein, und zwar in eine elegante Personnage …"

(An Hermann Hettner, Berlin, 2. November 1855)

c)
„… Da schlug mir der Teufel eine andere Geschichte dazwischen, offen gesagt, aber nicht zum Weitersagen, eine traurige Affäre mit jenem Frauenzimmer, welche diesen Sommer dich besuchen wollte. Ich habe davon so viel Kummer und Verdruß gehabt, daß ich fast nichts tun konnte und wieder rückwärts kam; und es gibt in dieser Sache keinen andern Ausweg, als daß ich von hier weggehe …"

(An die Mutter, Berlin, 11. November 1855)

Mat. 10 *Zum Vergleich: Der Anfang einer romantischen Erzählung*

„Es mögen nun wohl schon viele hundert Jahre her sein, da gab es einmal einen alten, guten Fischer, der saß eines schönen Abends vor der Tür und flickte seine Netze. Er wohnte aber in einer überaus anmutigen Gegend. Der grüne Boden, worauf seine Hütte gebaut war, streckte sich weit in einen großen Landsee hinaus, und es schien ebensowohl, die Erdzunge habe sich aus Liebe zu der bläulich-klaren, wunderhellen Flut in diese hineingedrängt, als auch, das Wasser habe mit verliebten Armen nach der schönen Aue gegriffen, nach ihren hochschwankenden Gräsern und Blumen und nach dem erquicklichen Schatten ihrer Bäume. Eins ging bei dem anderen zu Gaste, und deshalb war jegliches so schön. Von Menschen freilich war an dieser hübschen Stelle wenig oder gar nichts anzutreffen …"

(Friedrich Baron de la Motte Fouqué: *Undine*)

Mat. 11 *Kritik eines Zeitgenossen*

„Eigentlich müßten Sali und Vrenchen, die sich als lichte Gestalten von einem dunklen Hintergrund abheben, am Leben bleiben. Es sind zwei junge, so gut wie unverschuldete, gesunde Wesen, die den Kampf mit dem Leben nicht zu scheuen brauchten, und die Logik der Dichtung drängt darauf hin, daß sie ihn wagen. Der Gedanke eines gemeinsamen Todes ist poetisch schön, aber diesen einfachen Menschen müßte er fern liegen. Wären nicht gerade am Schluß die verführerischsten poetischen Farben mit verschwenderischer Fülle aufgetragen, so würde der Riß offen zutage liegen."

(Franz Servaes, 1889)

Anhang

Anmerkungen

[1] E. u. D. (Hein, J.: Erläuterungen und Dokumente. Reclam Nr. 8114, 40)
[2] In: Pankraz der Schmoller
[3] Bei Rilla, P.: Gottfried Keller. Sein Leben in Selbstzeugnissen, Briefen und Berichten. Berlin 1943; Zürich
[4] Jb. d. Shakespeare-Gesellschaft 11 (1876), 140–225. Eine gute Übersicht bietet auch Schmiele, W.: William Shakespeare, Romeo und Julia. Frankfurt 1963, Ullstein TB 5008
[5] Istoria di Verona, 1594
[6] Bei Rilla, P.: a.a.O., 188
[7] Ebd., 218
[8] Zusammengestellt von L. H. Fischer, Jb. d. Shakespeare-Gesellschaft 25 (1890), 124–131
[9] Der Kopenhagener Kulturphilosoph Georg Brandes, der die Novelle ins Dänische übersetzt hat, berichtet von einem moralischen Entrüstungssturm, den ihr Erscheinen 1884 in seiner Heimat auslöste.
[10] Shakespeare: Romeo und Julia, V, 3
[11] s. Brahm, Otto: Nachruf auf Berthold Auerbach. In: Berthold Auerbach, Erzählungen. Marbach 1962
[12] In: Hein, Jürgen: Die Dorfgeschichte. Stuttgart 1976, Sammlung Metzler 145
[13] Ebd., 67
[14] Altvater, F.: Wesen und Formen der dt. Dorfgeschichte im 19. Jh. Berlin 1930, Nachdruck 1967
[15] Aus der zweiten Gotthelf-Rezension, 1851
[16] Pestalozzi: Ausgew. Schriften. Hrsg. W. Flitner. 81 f.
[17] J. Gotthelf, Sämtliche Werke. Hrsg. Hunziker/Blösch. Bd. VII, 32. München 1911
[18] Freies dt. Hochstift 40 (1936), 183
[19] Ebd., 184
[20] s.a. Abschn. 1.2, Dorferzählungen
[21] Keller, G.: Romeo und Julia auf dem Dorfe in der Urfassung, Schluß
[22] Bei Smidt, I. (Hrsg.): Mein lieber Herr und bester Freund. Gottfried Keller im Briefwechsel mit Wilhelm Petersen. Zürich 1984
[23] Neis, Edgar: Romantik und Realismus in Gottfried Kellers Prosawerken. 1930, 23
[24] In: Altes und Neues (1881), H. II
[25] Preisendanz, W.: Humor als dichterische Einbildungskraft. 1963, 154
[26] Nach Widhammer, H.: Die Literaturtheorie des deutschen Realismus. Stuttgart 1977, Sammlung Metzler 152
[27] Ebd., 52
[28] An Baumgarten 1849, bei Rilla, P.: a.a.O., 149
[29] Ebd.
[30] E. u. D., 42
[31] Zu Eckermann, 25.12.1825
[32] Boeschenstein, H.: Gottfried Keller. Stuttgart 1977, Sammlung Metzler 84

[33] Preisendanz, W.: a.a.O., 510
[34] Neis, E.: a.a.O., 16
[35] Silz, W.: Romeo und Julia. In: William Shakespeare. Realism and Reality, Chapel Hill 1954, 82f.
[36] Otto Ludwig: Gesammelte Werke. Hrsg. v. A. Stern. Bd. VI, 38
[37] Ebd., 194
[38] Nach Preisendanz, W.: a.a.O., 514
[39] Der Grüne Heinrich, Erstfassung. dtv, 390
[40] Ebd., 392
[41] Stifter, A.: Vorrede zu „Bunte Steine". 1852
[42] Martini, F.: Deutsche Literatur im bürgerlichen Realismus. 1962, 286
[43] An Vieweg, 3.5.1850. Bei Rilla, P.: a.a.O., 153
[44] In: Augsburger Allgemeine Zeitung, 1874
[45] „symmetrical patterning", in: Silz, W.: Realism and Reality. a.a.O., 82
[46] In: Hofmannsthal, H. von: Unterhaltung über die Schriften von Gottfried Keller. Prosa II. Berlin 1920
[47] E. u. D., 53
[48] Die genaue Relation von Erzählzeit und erzählter Zeit bei: Tietgens, H.: Möglichkeit einer Zeitgestalt, dargestellt an Kellers Leuten von Seldwyla. Diss. Bonn 1949
[49] Martini, F.: a.a.O., 460
[50] Gotthelf, J.: Erlebnisse eines Schuldenbauern, 1854
[51] Verächtliche Bezeichnung für Handelsagenten
[52] Wiesmann, L.: Gottfried Keller, das Werk als Spiegel der Persönlichkeit. Frauenfeld 1967, 94
[53] Ebd., 93
[54] Kaiser, G.: Gottfried Keller, das gedichtete Leben. Frankfurt 1981, 24f.
[55] Ebd., 26
[56] Keller, G.: Gesammelte Werke in drei Bänden. Hrsg. v. H. Schumacher, Bd. II. Köln o.J., 38
[57] Ebd., Bd. II, 72
[58] Der Grüne Heinrich, Erstfassung. dtv, 178
[59] Gilbert, Mary A.: Zur Bildlichkeit in K.s Romeo und Julia auf dem Dorfe. Wirk. Wort (1953/54) 4, 356
[60] Zweitfassung I, 3
[61] Kaiser, G.: a.a.O., 23
[62] Wiesmann, L.: a.a.O., 64
[63] Ebd., 80
[64] In: Euphorion 65 (1971), 21–121
[65] Wiesmann, L.: a.a.O., 72
[66] Zur Farbsymbolik s.a. Gilbert, Mary A.: a.a.O., 354
[67] Vgl. auch Abschnitt 3.1, „Vreni"
[68] Wiesmann, L.: a.a.O., 64
[69] Wildbolz, R.: Gottfried Kellers Menschenbild. Bern, München 1964.
[70] E. u. D., 77f.
[71] Ebd.
[72] Bei Rilla, P.: a.a.O., 150

[73] Ebd., 146
[75] Feuerbach, L.: Das Wesen des Christentums, 17. Kap.
[76] „Haselanten (= Narren) und Fischesser" nennt K. an anderer Stelle (Pankraz, der Schmoller) verächtlich die Seldwyler.
[77] Brief an Hegi, 1841 (bei Rilla, P.: a.a.O., 65)
[78] Wiesmann, L.: a.a.O., 88
[79] Kaiser, G.: Sündenfall, Paradies und himmlisches Jerusalem in G. K.s Romeo und Julia auf dem Dorfe. In: Euph. 65 (1971), 43
[80] Boeschenstein, H.: a.a.O., 55
[81] s.a. Imbodens Vergleich Kellers mit Stifter – 1975
[82] Wiesmann, L.: a.a.O., 74
[83] Matrimonialgesetz von 1811
[84] Baltensberger, Helene: Das Armenwesen des Kantons Zürich. Diss. Zürich 1940
[85] Aus „den Gefilden von Gotthelfs dämonischen Nachtgestalten herübergewandert" sieht ihn W. Muschg (184).
[86] Wiesmann verweist auf die Bedeutung des Mohns als Todesblume (83).
[87] Kultermann spricht vom „Stein als Inkarnation des Bösen" (91).
[88] s. Materialien 4
[89] An Ludmilla Assing, 1856
[90] s. Materialien 8
[91] An Hettner, 16.4.1856
[92] Baechtold, Jakob (Hrsg.): Kellers Briefe und Tagebücher. Bd. III. Berlin 1894, 571
[93] In: Literatur d. 19. Jh. Wien 1912, 120
[94] Jb. d. Freien Dt. Hochstifts 40 (1936), 183
[95] Wiesmann, L.: a.a.O., 82
[96] Keller an Heyse, 10.6.1870
[97] s. Materialien 4
[98] St. Gallen 1891
[99] E. u. D., 50 f.
[100] an Brandes, 26.12.1875
[101] Silz, W.: a.a.O., 84
[102] Richter, H.: Gottfried Kellers frühe Novellen. Berlin 1960, 127
[103] Kaiser, G.: Sündenfall ... a.a.O., 39
[104] An Lina Duncker, 8.9.1856
[105] Ackerknecht, E.: Gottfried Keller, Geschichte seines Lebens. Leipzig 1939, 234
[106] An Hettner, 21.10.1856
[107] An Hettner 1851: „Ich habe auch einige Erzählungen und Novellen ausgeheckt."
[108] Muschg, A.: Gottfried Keller. Frankfurt 1980, Suhrkamp TB 617, 45
[109] 3.5.1850 (bei Rilla, P.: a.a.O, 172)
[110] Baechtold, J. (Hrsg.): Kellers Briefe und Tagebücher. Bd. III, 571
[111] Guthke, K.: Das Motiv des Wanderers bei Gottfried Keller und in der Romantik. In: DU (1959), 9, 22
[112] Martini, F.: Deutsche Literatur im bürgerlichen Realismus. Stuttgart 1981, 2. Aufl., 583

[113] Der Grüne Heinrich, Erstfassung. dtv, 561
[114] Lukács, G. in: Deutsche Realisten des 19. Jahrhunderts. 1951, 361
[115] Martini, F.: a.a.O., 583
[116] Silz, W.: Realism and Reality. a.a.O., 81
[117] Richter, H.: G. K.s frühe Novellen. a.a.O., 118
[118] Feuerbach: Das Wesen des Christentums
[119] Ev. Luk. 3.5
[120] Bei Zäch, Alfred: G. K. im Spiegel seiner Zeit. Zürich 1952, 110
[121] s. Materialien 4
[122] An Hettner, 21.2.1856
[123] 6.3.1856
[124] Zit. bei Boeschenstein, 1977, 50
[125] In: Euphorion 65 (1971), 21–48
[126] Kaiser, G.: Sündenfall ... a.a.O., 38
[127] Breitenbruch (84) zeigt Unverständnis, wenn er in dieser Stelle nichts sieht als „angestrengte Neckerei".
[128] Kaiser, G.: Sündenfall ... a.a.O., 22
[129] An Baumgarten, 8.1.1849
[130] Kaiser, G.: Sündenfall ... a.a.O., 35
[131] Hitschmann, Eduard: G. K. – Psychoanalyse des Dichters. Zürich 1919, 71
[132] Muschg, A.: a.a.O., Suhrkamp TB 617, 49
[133] Wiesmann, L.: a.a.O., 80
[134] E. u. D., 80
[135] E. u. D., 77
[136] Nach Baltensberger, H.: a.a.O.
[137] Martini, F.: a.a.O., 583
[138] Kaiser, G.: Sündenfall ... a.a.O., 35
[139] s. bes. Gilbert 1953, Kultermann 1956, G. Kaiser 1971
[140] Kultermann, U.: a.a.O., 97
[141] Ebd., 94
[142] Gilbert, Mary E.: a.a.O., 354ff.
[143] Schweizerisch für: Dachboden
[144] Gilbert, Mary E. (a.a.O.) hat in diesem Zusammenhang auf den Symbolgehalt der Farbe Gold hingewiesen.
[145] Wiesmann, L.: a.a.O., 48
[146] Kaiser, G.: Sündenfall ... a.a.O., 36
[147] Stille der Nacht, Zeile 19f.
[148] Der Grüne Heinrich, Erstfassung. dtv, 365
[149] Vischer, Fr. Th.: Gottfried Keller, eine Studie. Stuttgart 1881
[150] Der Grüne Heinrich, Erstfassung. dtv, 66
[151] Ebd., 365
[152] E. u. D., 53
[153] Lüthi: Das europäische Volksmärchen. Bern 1947, 47
[154] Ebd., 88
[155] Jung, C. G.: Wandlungen und Symbole der Libido. Bd. I. Wien 1912, 198
[156] Beit, Hedwig v.: Die Symbolik des Märchens. Bern 1952, 246
[157] Ebd., 593

[158] Das Volksmärchen. München 1980, 17
[159] s.a. Grimm, J. u. W.: Märchen: Die zertanzten Schuhe.
[160] Es war einmal – vom Wesen des Volksmärchens. Göttingen 1962, 107
[161] Max Lüthi in: Das Volksmärchen als Dichtung. Düsseldorf 1975, 155
[162] Beit, H. v.: a.a.O., 65 f.
[163] Die Insel der schönen Si Melu. Indones. Märchen. Hrsg. v. H. Kähler. Eisenach 1952
[164] Märchen der Weltliteratur. Hrsg. v. Fr. v. d. Leyen. Bd. Südamerika. Köln, Düsseldorf 1952, 68 ff.
[165] An Vieweg, 3. 5. 1850
[166] Muschg, A.: a.a.O., Suhrkamp TB 617, 120
[167] Boeschenstein, H.: a.a.O., 65
[168] Hans Richter nimmt von seinem marxistischen Standpunkt aus Anstoß an diesem Musterbild des Kapitalismus (1960, 109).
[169] An Vieweg, 3. 5. 1850
[170] Ermatinger, Emil: Das dichterische Kunstwerk. 1950, 8. Aufl., 315
[171] Muschg, W.: Umriß eines Gottfried Keller Porträts. In: Muschg, W.: Gestalten und Figuren. Stuttgart 1968, 161
[172] An Baumgartner, 27. 3. 1851
[173] E. u. D., 55
[174] Kreft, Jürgen: Grundprobleme der Literaturdidaktik. Heidelberg 1977, 314

Literaturverzeichnis

Primärliteratur

Textzitate aus Romeo und Julia auf dem Dorfe nach der Reclam-Ausgabe, UB Nr. 6172

Wissenschaftlich-kritische Gesamtausgabe: Gottfried Keller, Sämtliche Werke. Auf Grund des Nachlasses besorgte und mit einem wissenschaftlichen Anhang versehene Ausgabe. Hrsg. v. J. Fränkel und C. Helbling. 22 Bde. Bern 1926–1949

Werkausgaben neueren Datums:

Sämtliche Werke und ausgewählte Briefe, 3 Bde. Hrsg. v. Clemens Heselhaus. München: Hanser 1970, 3. Aufl.

Sämtliche Werke, 8 Bde. Hrsg. v. Peter Goldammer. Berlin 1958

Werke in 5 Bänden. Hrsg. v. Hans Richter. Berlin 1968, 5. Aufl.

Gesammelte Werke in drei Bänden. Hrsg. v. H. Schumacher. Köln o.J.

Biographien

Ackerknecht, Erwin: Gottfried Keller, Geschichte seines Lebens. Leipzig 1939

Baldenperger, Ferdinand: G. K.: Sa vie et ses œuvres. Paris 1899.

Breitenbruch, Bernd: G. K. in Selbstzeugnissen und Bilddokumenten. o.O. 1968

Frey, Adolf: Erinnerungen an Gottfried Keller (1892). Zürich 1979

Hitschmann, Eduard: Gottfried Keller, Psychoanalyse des Dichters. 1919

Kaiser, Gerhard: Gottfried Keller, das gedichtete Leben. Frankfurt 1981

Korrodi, Eduard (Hrsg.): Gottfried Kellers Lebensraum, 75 Bilder. 1930

Locher, Kaspar T.: Gottfried Keller, der Weg zur Reife. Bern, München 1969

Maync, Harry: Gottfried Keller, sein Leben und seine Werke. 1923

Muschg, Adolf: Gottfried Keller. München 1977; Frankfurt 1980, Suhrkamp TB 617

Muschg, Walter: Umriß eines Gottfried Keller-Porträts. In: Muschg, Walter: Gestalten und Figuren. Stuttgart 1968

Rilla, Paul: Gottfried Keller, sein Leben in Selbstzeugnissen, Briefen und Berichten. Berlin 1943; Zürich: Diogenes TB 1978

Smidt, Irmgard (Hrsg.): Mein lieber Herr und bester Freund. Gottfried Keller im Briefwechsel mit Wilhelm Petersen. Zürich 1984

Wiesmann, Louis: Gottfried Keller, das Werk als Spiegel der Persönlichkeit. Frauenfeld 1967

Monographien und Aufsätze

Boeschenstein, Hermann: Gottfried Keller. Stuttgart 1977, 2. Aufl., Sammlung Metzler 84

Brahm, Otto: Über G. K. In: Meisterwerke deutscher Literaturkritik II. Berlin 1956

Gilbert, Mary E.: Zur Bildlichkeit in K.s Romeo und Julia auf dem Dorfe. Wirk. Wort 4 (1953/54), 354–358

Guggenheim, Kurt: Das Ende von Seldwyla. Zürich 1965

Guthke, Karl: Das Motiv des Wanderers bei G. K. und in der Romantik. In: DU 9 (1959), 14–30

Hillebrandt, Bruno: Der Garten des Grünen Heinrich. In: Dt. VSchr. 45 (1971), 567–582
–: Mensch u. Raum im Roman. Studien zu Keller, Stifter, Fontane. München 1971
Hofmannsthal, Hugo von: Unterhaltungen über die Schriften von Gottfried Keller. In: Prosa II. Berlin 1920
Hein, Jürgen: Gottfried Keller, Romeo und Julia auf dem Dorfe. Erläuterungen und Dokumente. Stuttgart; Reclam 1977, UB Nr. 8114
Imboden, Gabriel: G. K.s Ästhetik auf der Grundlage der Entwicklung seiner Naturvorstellung. Bern 1975, Europ. Hochschulschriften, Reihe 1.119
Jeziorkowski, Klaus: Gottfried Keller. In: Dichter über ihre Dichtungen. München 1969
–: Texte, Materialien, Kommentare zu G. K. München: Hanser 1984
–: „Eine Art Statistik des poetischen Stoffes". Zu einigen Themen G. K.s. In: DVjs für Literaturwissenschaft und Geistesgeschichte 45 (1971), 547–566
Kaiser, Gerhard: Sündenfall, Paradies u. himmlisches Jerusalem in G. K.s Romeo und Julia auf dem Dorfe. In: Euph. 65 (1971), 21–48
–: Wanderer und Idylle. Göttingen 1979
Kriesi, Hans Max: G. K. als Politiker. Frauenfeld 1918
Kultermann, Udo: Bildformen in K.s Romeo und Julia auf dem Dorfe. In: DU 8 (1956), 86–100
Lockemann, Fritz: Die Bedeutung des Rahmens in der deutschen Novellendichtung. In: Wirk. W. 6 (1955–56), 208–217
Maier, Rudolf N.: G. K., Romeo und Julia auf dem Dorfe. In: DU 3 (1951), 49–63
Meintel, Paul Rupert: G. K. und die Romantik. In: Literarhistor. Studien, 1909
Muschg, Walter: G. K. und Jeremias Gotthelf. In: Jb. d. Freien dt. Hochstifts 40 (1936), 159–198
–: Die Geheimnisse des Erzählers. München 1931
Neis, Edgar: Romantik und Realismus in G. K.s Prosawerken. Berlin 1930
Neumann, Bernd: G. K., eine Einführung in sein Werk. Königstein 1982
Obermayer, August: G. K.s Romeo u. Julia auf dem Dorfe – ein realistisches Märchen. In: Grillparzer Jb. 12 (1976), 235–255
Ohl, Hubert: Das zyklische Prinzip von G. K.s Novellensammlung Die Leute von Seldwyla. Euph. 63 (1969), 216–226
Preisendanz, Wolfgang: Gottfried Keller. In ders.: Humor als dichterische Einbildungskraft. Studien zur Erzählkunst des poetischen Realismus. München 1963, 143–213
Richter, Hans: Einsatz und Anfangshöhe der Kellerschen Novellistik. Diss. Jena 1957
–: Seldwyla und die Wirklichkeit. In: Weimarer Beiträge 7 (1958), 172–201
–: G. K.s frühe Novellen. Berlin 1960
Riebe, Harald: Wie fangen Romane an. In: Sprachhorizonte, Ergänzungsheft. Dortmund 1972
Roeder, Heinrich Karl: G. K., Romeo und Julia auf dem Dorfe. In: Deutsche Novellen des 19. Jh., Interpretationen. Frankfurt 1961
Rössing-Hager, Monika (unter Mitarbeit von N. Sörensen): Deutscher Sprachatlas. Wortindex zu G. K., Die Leute von Seldwyla. Berlin, New York 1971

Rothenberg, Jürgen: G. K., Symbolgehalt u. Realitätserfassung seines Erzählens. Heidelberg 1970
–: Die kleine Passion, Darstellung des Todes im Werk des Dichters. Beitr. z. n. dt. Literaturgeschichte, Folge 3, Bd. 30
Schäfer, Walter: Der Wandel eines Leitmotivs. Ein Beitrag zur Interpretation von Novellen des 19. Jh. In: DU 8 (1956), 54–59
Schneider, Wilhelm: Der Anfang von G. K.s Romeo und Julia auf dem Dorfe. In: Librarium 1 (1958), 56–59
Silz, Walter: Motivation in G. K.s Romeo und Julia auf dem Dorfe. In: German Quarterly 8 (1958), 1–11
–: Romeo und Julia. In: William Shakespeare, Realism and Reality. Chapel Hill (USA) 1954, 79–93
Singer, Herbert: Romeo und Julia. Person und Figur. In: Festschrift für Richard Alewyn. Köln, Graz 1967, 63–83
Straub-Fischer, Esther: Die Farben und ihre Bedeutung im dichterischen Werk Gottfried Kellers. Bern, München 1973
Wildbolz, Rudolf: Gottfried Kellers Menschenbild. Bern, München 1964
Zollinger-Wells, Werner: Gottfried Kellers Religiosität. Zürich 1954

Zur Dorfgeschichte

Altvater, Friedrich: Wesen und Formen der deutschen Dorfgeschichte im 19. Jh. Berlin 1930, Nachdruck 1967 (Germanische Studien 88)
Auerbach, Berthold: Erzählungen. Mit einem Nachwort von Otto Brahm neu hrsg. Marbach 1962
–: Barfüßele, eine Schwarzwälder Dorfgeschichte. 1856
Baur, Uwe: Dorfgeschichte, zur Entstehung und gesellschaftlichen Funktion einer literarischen Gattung im Vormärz. München 1978
Greiner, Martin: Dorfgeschichte. In: Reallexikon d. dt. Literaturgeschichte II. neu hrsgg. von W. Kohlschmidt u. W. Mohr. Berlin 1958, 274–279
Hein, Jürgen: Die Dorfgeschichte. Stuttgart 1976, Sammlung Metzler 145

Zur Motivgeschichte

Fischer, L. H.: Die Sage von Romeo und Julia in deutschen Prosadarstellungen des 17. Jh. In: Jb. d. dt. Shakespeare-Gesellschaft 25 (1890), 124–131
Fischer, Rudolf (Hrsg.): Quellen zu Romeo und Julia. Bonn 1922
Schmiele, Walter: William Shakespeare, Romeo und Julia. Text und Dokumentation. Frankfurt 1963, Ullstein TB 5008
Schulze, Karl Paul: Die Entwicklung der Sage von Romeo und Julia. In: Jb. d. dt. Shakespeare-Gesellschaft 11 (1876), 140–225

Zum literarischen Realismus

Kaiser, Gerhard: Um eine Neubegründung des Realismusbegriffs. In: Ztschr. f. dt. Philologie 77 (1958), 161–176
Kaiser, Gerhard u. Kittler, Friedrich: Dichtung als Sozialisationsspiel. Göttingen 1978
Kinder, Hermann: Poesie als Synthese. Ausbreitung eines deutschen Realismus-Verständnisses in der Mitte des 19. Jahrhunderts. Frankfurt 1973

Lukács, Georg in: Deutsche Realisten des 19. Jahrhunderts. Berlin (DDR) 1951, 147–230
–: Essays über Realismus. Berlin 1948
–: Theorie des Romans. Berlin 1920
Martini, Fritz: Deutsche Literatur im bürgerlichen Realismus. Stuttgart 1981, 147 bis 230, 2. Aufl.
Wiese, Benno von: Die Novelle. Stuttgart 1964, 2. Aufl.
Widhammer, Helmut: Die Literaturtheorie des deutschen Realismus. Stuttgart 1977, Sammlung Metzler 152

Zeittafel zu Leben und Werk

1819	Gottfried Keller geboren am 19. Juli in Zürich als Sohn eines Drechslermeisters
1822	Geburt der Schwester Regula am 26. April
1824	Tod des Vaters am 12. August
1825	Besuch der Armenschule
1831	Schüler des Landknabeninstituts auf der Stüssihofstatt
1833	Besuch der kantonalen Industrieschule im ehemaligen Chorherrengebäude in Zürich
1834	Am 5. Juli von der kantonalen Industrieschule verwiesen wegen eines disziplinarischen Vergehens. Seit Herbst Lehrling bei dem Vedutenmaler und Lithograph Peter Steiger
1837	Unterricht bei dem Maler Rudolf Meyer
1838	Abbruch des Unterrichts im Frühjahr
1840	Im April Abreise nach München zu weiterer künstlerischer Ausbildung
1842	Nach einem ergebnislosen Aufenthalt in München Rückkehr nach Zürich im November
1843	Keller beginnt zu dichten. Die Malerei tritt in den Hintergrund
1844	Bekanntschaft mit den deutschen Emigranten um August Follen. Im Dezember Beteiligung am 1. Freischarenzug gegen Luzern
1845	Im März Beteiligung am 2. Freischarenzug
1847	Keller volontiert zeitweise in der Staatskanzlei unter Alfred Escher
1848	Stipendium des Kantons Zürich. Studium der Philosophie in Heidelberg bis 1850
1849	Freundschaft mit dem Literaturhistoriker Hermann Hettner und mit dem Religionsphilosophen Ludwig Feuerbach
1850	Seit Frühjahr in Berlin. Häufiger Theaterbesuch. Dramenentwürfe
1851	Besuche im literarischen Salon der Fanny Lewald
1854	Keller ist häufig bei Varnhagen von Inse und dessen Nichte Ludmilla Assing zu Gast
1855	Im Herbst Rückkehr nach Zürich, wo er die nächsten sechs Jahre ohne Amt und Einkommen bei Mutter und Schwester verbringt. Arbeit als freier politischer Publizist
1861	Wahl zum ersten Staatsschreiber des Kantons Zürich. Wohnung in der Staatskanzlei
1864	Tod der Mutter am 5. Februar
1866	Verlobung mit Luise Scheidegger. Selbstmord der Braut am 13. Juli
1869	Hohe Ehrungen durch die Stadt Zürich zu Kellers 50. Geburtstag Die Philosophische Fakultät der Universität ernennt ihn zum Ehrendoktor. Beginn der Freundschaft mit Adolf Exner
1873	Ferien mit den Geschwistern Exner am Mondsee im Salzburgischen
1874	Keller besucht im Juli die Exners in Wien
1875	Am 15. Juli legt Keller sein Amt nieder, um sich ganz der Schriftstellerei widmen zu können
1882	Zunehmende Vereinsamung. Abnahme der Schaffenskraft
1884	Freundschaft mit Arnold Böcklin

1888	Tod der Schwester Regula am 6. Oktober
1890	Keller stirbt am 15. Juli

Romane und Erzählungen

1854/55	*Der grüne Heinrich.* Roman in vier Bänden (Umarbeitung 1879/80)
1856	*Die Leute von Seldwyla.* Erzählungen. 1. Band. Darin u.a.: *Die drei gerechten Kammacher; Romeo und Julia auf dem Dorfe; Pankraz, der Schmoller*
1872	*Sieben Legenden*
1874	*Die Leute von Seldwyla.* Erzählungen. 2. Band. Darin u.a.: *Kleider machen Leute; Die mißbrauchten Liebesbriefe*
1878	*Züricher Novellen.* 2 Bände mit *Der Landvogt von Greifensee, Hadlaub, Das Fähnlein der sieben Aufrechten* u.a.
1881	*Das Sinngedicht.* Novellensammlung
1886	*Martin Salander.* Roman

Lyrik

1846	*Gedichte*
1883	*Gesammelte Gedichte*

(Werkauswahl)